D1745970

DI Dr. Hans Lercher
FH CAMPUS 02, Graz
Studienrichtung Innovationsmanagement

ISBN 978-3-902819-77-2

Erscheinungsjahr:	2017
Layout:	Roman Pendl, BA I neunzehn84.at
Illustrationen:	Bernhard Karisch, BA I formundzeichen.at
Lektorat:	Mag. Ellen Hoppenbrouwers & Mag. Heike Pekarz
Herstellung/Druck:	Colomee I Wittkowski & Sander Production House GmbH, Hamburg
Herausgeber und Medieninhaber (Verleger):	Anzeigen und Marketing Kleine Zeitung GmbH & Co KG
Verlagsort:	Graz

© DI Dr. Hans Lercher

Das Werk einschließlich aller seiner Teile ist urheberrechtlich geschützt. Jede Verwertung, die nicht ausdrücklich vom Urheberrechtsgesetz zugelassen ist, bedarf der vorherigen Zustimmung des Autors. Das gilt insbesondere für Vervielfältigungen, Bearbeitungen, Übersetzungen, Mikroverfilmungen und die Einspeicherung und Verarbeitung in elektronischen Systemen.

DI Dr. Hans Lercher

BIG PICTURE™
DAS GRAZER INNOVATIONSMODELL

Innovationsmanagement auf einen Blick verstehen –
ganzheitlich, strategisch und zyklisch planen – pragmatisch einführen

Anzeigen und Marketing Kleine Zeitung GmbH & Co KG
Graz

1.0	**ZUSAMMENFASSUNG**	**6**
2.0	**VORWORT & GASTKOMMENTAR**	**9**
3.0	**EINFÜHRUNG ZUM THEMA INNOVATION**	**17**
4.0	**INNOVATION ALS KREISLAUF VERSTEHEN**	**25**
	4.1 Das BIG PICTURE™-Modell als ganzheitliche Lösung	26
	4.2 Vorbereitungsphase	28
	4.3 Strategiephase	29
	4.4 Ideenphase	30
	4.5 Umsetzungs- und Projektphase	31
	4.6 Erfolgskontrollphase	31
5.0	**INNOVATIONSKLASSEN**	**35**
	5.1 Inkrementelle Innovation	36
	5.2 Progressive Innovation	37
	5.3 Radikale Innovation	38
	5.4 Disruptive Innovation	39
6.0	**INNOVATIONSARTEN**	**41**
	6.1 Produktinnovation	42
	6.2 Dienstleistungsinnovation	43
	6.3 Prozessinnovation	44
	6.4 Marketinginnovation	45
	6.5 Anwendungsinnovation	46
	6.6 Geschäftsmodellinnovation	48
	6.7 Weitere Innovationsarten	51

7.0	**DAS MODELL AUF EINEN BLICK**	**55**
8.0	**DIE EINZELNEN SCHRITTE DES MODELLS**	**65**
	8.1 Innovationslücken und Suchfelder	66
	8.2 Auswahl der Suchfelder	72
	8.3 Innovationsstrategie	74
	8.4 Ideation	76
	8.5 Check-In-Gate	80
	8.6 Die drei Pfade für die Umsetzung	84
	8.6.1 *BLAUER PFAD*	*86*
	8.6.2 *GELBER PFAD*	*92*
	8.6.3 *ROTER PFAD*	*96*
	8.7 Go Live & Erfolgskontrolle	102
9.0	**ERFAHRUNGSBERICHT KLEINE ZEITUNG**	**109**
10.0	**FAZIT UND AUSBLICK**	**113**
	10.1 Methoden-Exkurs	118
	10.2 Übersicht der acht relevanten Innovationsmodelle	122
	10.3 Referenzen	128
11.0	**KREATIVITÄTSTECHNIKEN**	**133**
	11.1 Brainstorming	138
	11.2 Osborn-Methode	142
	11.3 Methode 635	146
	11.4 Morphologische Matrix	148
	11.5 9-Fenster-Tool	152
	11.6 Merkmale der Kreativitätstechniken	158

1.0 ZUSAMMENFASSUNG

Viele Unternehmen haben die Bedeutung von Innovation klar erkannt und innovieren, um sich im Wettbewerb durchzusetzen oder die Position zu halten. Die existierenden Innovationsmodelle verankern Innovationsmanagement jedoch nicht so tief im Unternehmen und in der Unternehmensstrategie, wie es für wirkungsvolles, unternehmerisches Agieren und das Ausschöpfen aller Innovationsfelder nötig wäre. Außerdem lassen sie oft Realorientierung vermissen und decken nur Teile des Innovationsprozesses ab.

Das Innovationsmodell BIG Picture™ ist ein ganzheitliches, strategieorientiertes, zyklisches Modell, das als „Innovationsmotor" vor allem in Mittelstandsunternehmen gut eingesetzt werden kann. Es macht das komplexe Thema Innovationsmanagement mit seiner Strategieeinbindung, den möglichen Innovationsklassen von inkrementell bis hin zu radikal und den operativen Phasen und Entscheidungsschritten quasi auf einen Blick begreifbar. Entwickelt nach den qualitätssichernden Prinzipien der Design Science basiert BIG Picture™ auf jahrelangen praktischen Erfahrungen mit Innovationsvorhaben in Unternehmen und der wissenschaftlichen Analyse der existierenden Innovationsmodelle. BIG Picture™ begleitet Unternehmen pragmatisch und effizient durch die Innovationsarbeit, indem es in einer Darstellung für Arbeitsphasen Aufgaben, Dokumentationen, Termine, Zuständigkeiten, Entscheidungskriterien und Entscheidungspunkte definiert und koordiniert.

1.1 DANKSAGUNG

Der Leitfaden und das BIG Picture™-Modell durchliefen etliche wissenschaftliche und praktische „Rüttelstrecken". Dank dafür gilt u.a. folgenden Personen:

Carlo Bagnoli • Roberto Biroslavo • Brüne Cremer
Susanne Ebner-Benedikt • Heidrun Girz • Bernd Graller • Christian Guttmann
Gerald Hackl • Thomas Herzog • Karin Hundthausen • Martin Karner
Wolfgang Knöbl • Börge Kummert • Johannes Lackner • Philipp Mirliauntas
Jörg Niebelschütz • Roman Pendl • Alexander Pess • Sandra Pilch • Frank Piller
Andreas Rehklau • Christiane Reischl • Isabel Rössler • Florian Schneebauer
Thomas Spann • Michael Terler • Anja Troschl • Wolfgang Wiesauer

1.2 BIG PICTURE™
DAS GRAZER INNOVATIONSMODELL

BIG Picture™ ist eine Marke von DI Dr. Hans Lercher. Diese Texte, das Modell und die Abbildungen sind urheberrechtlich geschützt. Die Verwendung des BIG Pictures™ ist bei deutlicher Nennung des Autors und des Namens BIG Picture™ auf allen Unterlagen erlaubt. Jede sonstige unerlaubte Vervielfältigung oder Weitergabe, egal in welcher Form, ist untersagt und wird straf- und zivilrechtlich verfolgt.

> **MENSCHEN MIT** EINER NEUEN IDEE GELTEN **SO LANGE ALS SPINNER,** BIS SICH DIE SACHE DURCHGESETZT HAT.
>
> MARK TWAIN

02
VORWORT & GASTKOMMENTAR

2.0 ÜBER DEN AUTOR
DI DR. HANS LERCHER

STECKBRIEF

NAME: DI DR. HANS LERCHER

FUNKTION: STUDIENGANGSLEITER INNOVATIONSMANAGEMENT FH CAMPUS 02 IN GRAZ UND INNOVATIONSBERATER

FIRMA: CEO/FOUNDER BIG BUSINESS INNOVATION GMBH

Dr. Lercher ist ausgebildeter Telematiker und Wirtschaftler. Seit seiner Dissertation beschäftigt er sich leidenschaftlich mit dem Thema Innovation und kann auf über 20 Jahre Innovationserfahrung verweisen. Als Wissenschaftler und Lehrender ist er an verschiedenen Hochschulen in Europa tätig und hat auch die Studienrichtung Innovationsmanagement an der FH CAMPUS 02 in Graz konzipiert, die er von Anfang an als Studiengangsleiter führt. Er betreut seit vielen Jahren Unternehmen und Unternehmer in ganz Europa und ist gefragter Redner und Vortragender zu dem Thema. Seit Beginn seiner Unternehmertätigkeit hat Dr. Lercher fünf Unternehmen gegründet. Seine Schwerpunkte sind Geschäftsmodellinnovationen, System- und Prozessgestaltung, Strategieerarbeitung, Innovationsgenerierung, Coaching für Führungskräfte sowie Innovationstrainings.

INNOVATION ALS HERZENSANGELEGENHEIT
VORWORT VON DI DR. HANS LERCHER

Ich wünsche mir, dass alle Menschen und auch unsere Kinder weiterhin in Europa in Wohlstand leben können. Daher lebe ich leidenschaftlich für das Thema Innovation! Es ist meiner Meinung nach einer der wichtigsten Überlebensfaktoren unserer Wirtschaft. Und viele Studien belegen ja auch, dass Firmen, welche das Thema Innovation professionell angehen und managen, schneller und nachhaltiger wachsen und profitabler sind. Daher ist es mir eine echte Herzensangelegenheit, die Wirtschaft beim Thema Innovation zu unterstützen.

Seit Jahren beschäftige ich mich nun mit dem Thema Innovation und den dafür nötigen Prozessen. Bei den in der Literatur zu findenden Darstellungen fehlte mir bzw. störte mich aber immer etwas: einerseits der strategische Aspekt und die Geschlossenheit der Ansätze sowie andererseits die Probleme bei der Implementierung.

Das vorliegende BIG Picture™ soll den Betrieben nun helfen, das Thema Innovation ganzheitlich zu betrachten, und diesen zu (neuen) Innovationserfolgen verhelfen. Die damit bisher gemachten Erfahrungen und Rückmeldungen zeigen ein sehr positives Bild, nämlich, dass den Firmen und den für Innovation Verantwortlichen mit dem BIG Picture™ ein sehr mächtiges Werkzeug in die Hand gegeben wurde, um Innovationsmanagement erfolgreich auf die nächste Stufe zu heben.

An dieser Stelle gilt der Dank den über 100 Vorständen, Geschäftsführern und Innovationsverantwortlichen, mit denen ich zum Thema BIG Picture™ reden durfte und deren reiche Erfahrung, leidenschaftliche Unterstützung und geduldige Begleitung die Qualität und Anwendbarkeit des BIG Picture™ erst ermöglicht haben.

Ich hoffe, es hilft auch Ihnen und es würde mich sehr freuen, von Ihnen Feedback zu erhalten, wie das BIG Picture™ bei Ihnen angekommen ist. Viel Erfolg!

Beste Grüße
Ihr DI Dr. Hans J. Lercher

2.1 GASTKOMMENTAR
VON PROF. DR. FRANK T. PILLER

STECKBRIEF

NAME: PROF. DR. FRANK T. PILLER

FUNKTION: PROFESSOR UND LEHRSTUHLINHABER AN DER RWTH AACHEN

Dr. Frank Piller studierte Betriebswirtschaftslehre an der Universität Würzburg, wo er auch im Fachgebiet Produktionswirtschaft promovierte (1999). Anschließend war er an der Technischen Universität München tätig, wo er die Forschungsgruppe „Customer Driven Value Creation" leitete und zum Thema „Innovation and Value Co-Creation" habilitierte. Nach Abgabe der Habilitationsschrift (2004) war er bis zum Ruf nach Aachen als Research Fellow an der MIT Sloan School of Management, Massachusetts Institute of Technology, Cambridge, USA, tätig. Seit März 2007 ist er Lehrstuhlinhaber für Technologie- und Innovationsmanagement (TIM) an der RWTH Aachen, wo er als Studiendirektor auch den Executive MBA für Technologiemanager leitet. Zusätzlich ist er Co-Founder der Smart Customization Group am Massachusetts Institute of Technology (MIT), USA. Seine Forschungsgebiete sind Innovationsprozess-Schnittstellen (Open Innovation und Co-Creation), Strategien zum Umgang mit disruptiven Innovationen, Technologietransfer und Technologiebeschaffung sowie kundenzentrierte Geschäftsmodell-Innovation.

ERFOLGREICHE INNOVATION MIT SYSTEM
GASTKOMMENTAR VON PROF. DR. FRANK T. PILLER

Österreichische wie deutsche Unternehmen werden international sehr für die technische Leistung und das Erfindertum hinter ihren Maschinen, Anlagen und Automobilen geschätzt. Doch sind wir auch nachhaltig innovativ? Innovativ nicht im Sinne einer kontinuierlichen Verbesserung und Optimierung bestehender Strukturen und Technologien, sondern innovativ im Sinne der Fähigkeit zum radikalen Wandel, zur Implementierung neuer Geschäftsmodelle?

Hier scheint es mir manchmal, dass Erfolg träge macht. Ja, Innovation ist in aller Munde. Aber reden wir nur darüber oder handeln wir danach? Stellen Sie sich eine Organisation vor, die derzeit nicht innoviert, die sich rein auf die Verwertung der heutigen Stärken fokussiert hat. Dann bricht der Absatz ein, ein neuer, technologisch überlegener oder einfach nur deutlich günstigerer Konkurrent kommt in den Markt. Was ist dann ein guter erster Schritt zu Innovation?

Eine erste Antwort hierauf ist oft: „Wir brauchen eine Innovationsstrategie." Denn ohne Plan keine Aktion. Andere Unternehmen sind pragmatischer und richten ein „Innovation Lab" ein, mit einem fokussierten Team, das viel Freiraum abseits vom Tagesgeschäft genießt. Andere stecken alle Mitarbeiter in allgemeine Workshops zur Ideengenerierung. Doch dann kommt das große Scheitern: Viele Unternehmen kommen nicht von der Idee zur erfolgreichen Implementierung. Oft gilt dann Innovationskultur als Antwort auf alle Probleme. Doch so einfach ist das nicht. Denn die Kultur, die etablierte Unternehmen stark gemacht hat, macht sie nun schwach. Der Ruf nach einer neuen Kultur ist einfach, aber verfehlt. Kultur kann man nicht über Nacht ändern, und auch die Ausstattung des Unternehmens mit bunten Innovationsräumen oder Kreativecken hilft nicht weiter. Kulturwandel geschieht über neue Prozesse, Entscheidungsstrukturen und durch die Führungskräfte als Vorbilder. Erfolgreiche Innovation braucht vor allem ein System, das aufgaben- und situationsbezogen allen Beteiligten genaue Schritte und Methoden vorgibt, wie eine Idee zu einer marktfähigen Innovation wird, wer dafür verantwortlich ist und vor allem auch wann proaktiv der Anlass gegeben ist, sich wieder mit Innovation zu beschäftigen: Agieren statt reagieren!

Wie das geht, steht im Mittelpunkt dieses Leitfadens. Das von Dr. Lercher entwickelte „Big Picture™" ist ein ganzheitliches Modell, mit dem Ihr Unternehmen zu einem individuellen, systematischen und vor allem schlagkräftigen System für kontinuierliche Innovation kommt – nicht nur in Zeiten einer Krise, sondern als pragmatischer Bestandteil der täglichen Arbeit aller Mitarbeiter und Abteilungen. Ich selbst habe von dem Gedanken und der Systematik dieses Modells sehr profitiert und verwende es gerne in meiner eigenen Arbeit. Machen auch Sie es zu einem zentralen Bestandteil Ihrer Innovationsaktivitäten!

Innovative Grüße aus Aachen
Ihr Prof. Dr. Frank T. Piller

> **MUT** IST DIE ERSTE VON ALLEN **MENSCHLICHEN QUALITÄTEN,** WEIL ER ALLE ANDEREN GARANTIERT.

WINSTON CHURCHILL, STAATSMANN

03
EINFÜHRUNG ZUM THEMA INNOVATION

3.0 EINFÜHRUNG

Innovation ist zu einem Schlagwort geworden, das mittlerweile weit über die Technologiebranche hinaus in jedem Wirtschaftsbereich zu finden ist. Zu Recht, denn die Innovationsarten Dienstleistungs-, Marketing-, Anwendungs- und Geschäftsmodellinnovationen sind – vor allem in hochindustrialisierten Ländern – genauso wichtig und relevant geworden wie die klassischen Produkt- und Prozessinnovationen.

> **WICHTIGER HINWEIS:**
>
> Der Begriff „Produkt" wird in diesem Buch nur als Synonym für die konkreten „Erzeugnisse" eines Unternehmens verwendet und steht somit auch für „Prozesse", „Dienstleistungen" und alle möglichen „Angebote" eines Unternehmens an die Kunden. Wir unterscheiden in diesem Buch daher fortan nicht zwischen den Innovationsarten, da das BIG Picture™ universell verwendbar ist.

Es gibt kaum noch Unternehmen, die sich oder ihre Leistungen nicht als innovativ darzustellen versuchen, um so auf den längst verbreiteten Innovationstrend aufzuspringen. Von Innovation versprechen sich Unternehmen die Differenzierung vom Mitbewerb durch die Generierung von Wettbewerbsvorteilen. Um dies zu erreichen, bedarf es allerdings eindeutig mehr als nur Ideen, Selektionsverfahren und Projektmanagement.

Die Vielfalt der theoretischen und aus der Praxis kommenden Ansätze zu Innovationsprozessen und Innovationsmanagement spiegelt diese Komplexität wider. Die bestehenden Herangehensweisen setzen an unterschiedlichen Phasen und Problemen eines Innovationsprozesses an: teils in einer Frühphase, in der Ideen gewonnen, ausgewählt und konzipiert werden sollen, teils in einer Umsetzungsphase, die vor oder beim Produktionsstart und der Markteinführung in den Fokus kommt.

Die bestehenden Ansätze und Modelle sind jedoch oftmals idealisierte Abläufe, die im Seminarraum oder auf dem Papier gut funktionieren, jedoch zu wenig praktikabel für Unternehmen oder Institutionen sind. Sehr häufig kommt es in Unternehmen auch noch zu Definitionsproblemen rund um den Begriff der Innovation selbst. **„Innovationen sind in nachhaltige Wettbewerbsvorteile oder Umsätze umgewandelte Ideen"** – mit dieser Definition wird klar, dass die Idee alleine für das Unternehmen noch nicht ausreicht. Die erfolgreiche Umsetzung ist also gefragt!

In der Praxis gibt es aus unserer Beobachtung drei typische Herangehensweisen zum Thema Innovation, die den Innovationserfolg maßgeblich beeinflussen:

SICHTWEISE 1	SICHTWEISE 2	SICHTWEISE 3
INNOVATION ALS PROJEKT	**INNOVATION ALS ALLGEMEINGÜLTIGER PROZESS**	**INNOVATIONSKULTUR IST DIE LEITKULTUR**

SICHTWEISE 1
INNOVATION ALS PROJEKT

Wird Innovation „einfach nur" als Projekt gesehen, gibt es zumeist einen bestimmten internen oder externen Auslöser, wie beispielsweise ein Kundenproblem oder neue Angebote von Mitbewerbern, auf die es zu reagieren gilt. Innovation ist dann ein zeitlich abgeschlossenes, für sich stehendes Unterfangen abseits des Tagesgeschäfts, das durch einen Projektmanager (meistens als Add-on) gelöst werden soll. Im schlechtesten Fall wird dabei „Innovation" reaktiv als etwas gesehen, „was wir (hoffentlich) erst in ein paar Jahren wieder brauchen". Selten ist Innovation dabei ein integraler, geplanter und nachhaltiger Teil des Unternehmensgeschehens oder gar der Strategiearbeit.

SICHTWEISE 2
INNOVATION ALS ALLGEMEINGÜLTIGER PROZESS

Wird Innovation als eigener Prozess gesehen, ist er in der Regel ein abstrahierter, allgemeingültiger Ablauf, der linear mit Anfang und Ende gestaltet ist. Dies bedingt Prozessverantwortliche, die verschiedene Abteilungen koordinieren (und meistens motivieren müssen) sowie den Prozess und die Innovationsprojekte voranbringen sollen. Diese Prozessverantwortlichen (dann oft auch „Innovationsmanager" genannt) sind für das

„Funktionieren" dieses Prozesses verantwortlich und versuchen, diesen bestmöglich umzusetzen und nachhaltig zu etablieren. Die in der Literatur beschriebenen Prozessmodelle starten dabei zumeist beim systematischen Erkennen von Problemen oder der strukturierten Entwicklung von Ideen. In der Praxis zeigt sich oft, dass die nötige strategische Orientierung der so geführten Projekte fehlt. Dies ist vor allem dann der Fall, wenn sich das Top-Management nicht ausreichend zum Innovieren bekennt oder meint, mit der Installierung eines „Innovationsmanagers" bereits alles erledigt zu haben.

SICHTWEISE 3
INNOVATIONSKULTUR IST DIE LEITKULTUR

Hier stellt Innovation das Grundverständnis bzw. die Leitkultur eines Unternehmens dar, meist mit stark partizipativen und agilen Ansätzen und oft vorgelebt vom Top-Management bzw. Eigentümer. Dieser Ansatz birgt aber meist die Gefahr, dass diese Philosophie nicht ausreichend auf die zu beteiligenden Personen oder Abteilungen in Form von konkreten Zielen heruntergebrochen wird, im Unkonkreten verbleibt und damit schwer umsetzbar ist. Die Verbindung zwischen der (dann oft vernachlässigten) Strategiearbeit und dem operativen Bearbeiten von Innovationsvorhaben und -projekten gelingt selten, wie die Praxis zeigt. Diese Sichtweise kommt nur in unzulänglicher Form in den bestehenden Prozessmodellen zur Anwendung.

NOTIZEN

> **EIN HEER** VON SCHAFEN, DAS VON **EINEM LÖWEN GEFÜHRT WIRD,** SCHLÄGT EIN HEER VON LÖWEN, DAS VON EINEM SCHAF **GEFÜHRT WIRD.**

ARABISCHES SPRICHWORT

04
INNOVATION ALS KREISLAUF VERSTEHEN

4.1 DAS BIG PICTURE™-MODELL ALS GANZHEITLICHE LÖSUNG
INNOVATION AUF EINEN BLICK VERSTEHEN

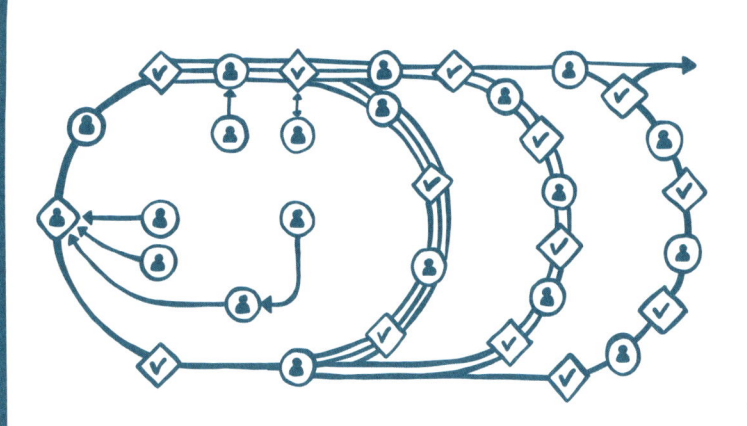

Keiner der vorhin angeführten Ansätze ist grundsätzlich falsch oder für sich alleine richtig. Innovation kann all das sein und sollte, je nach Ausprägung und Rahmenbedingungen des Unternehmens, die Anforderungen auch erfüllen. Was jedoch fehlt, ist der Blick auf das große Ganze, welcher unternehmerische Lücken systematisch aufzeigt, Raum für strategische Arbeit lässt und eindeutige Innovationsumfänge definiert, ein einzelnes Innovationsvorhaben in die Gesamtheit des Unternehmens operativ einbettet und den Kreislauf mit einer erfolgreichen Markteinführung oder Umsetzung schließt. Gerade für mittelgroße bis große Betriebe ist eine bewusste Fokussierung auf einen einzigen Ansatz nicht sinnvoll und schränkt das mögliche Innovationspotenzial ein.

Das BIG Picture™ als Grundmodell für diesen Leitfaden wurde mit Blick auf die Lücken und Schwächen bestehender Theorien und basierend auf Beobachtungen und Erfahrungen aus der Praxis entwickelt. Das Modell versteht Innovation nicht als linearen Prozess mit einem fixen Startpunkt und einem finalen Endpunkt, sondern als einen gesamtheitlichen, strategischen Masterplan für Unternehmen, mit dessen Hilfe Wettbewerbsvorteile durch Innovationen generiert werden sollen. Das Modell ist als geschlossener Kreislauf dargestellt. Der Zyklus wird von Markt-, Technologiefrühaufklärung und Trenderkennung angetrieben und erhält gleichzeitig Input durch den Lebenszyklusstatus bei Produkten, Dienstleistungen, Prozessen und Technologien, durch die Unternehmensstrategie, die Innovationsflughöhe („was kann bzw. will das Unternehmen am Markt leisten") und die Vision. Gleichzeitig ist das Modell auch konkret und pragmatisch und lenkt operativ durch alle Vorbereitungs- und Entscheidungsphasen der Innovationsarbeit inklusive mehrerer Abbruchmöglichkeiten je nach Innovationsprojekt. Das Modell ist also das Werkzeug für die Innovationsarbeit, das aus dem dringenden Bedürfnis nach dem Verständnis für das große Ganze und gleichzeitig aufgrund der Suche nach konkreten Innovationstreibern für Unternehmen entwickelt wurde. In den unterschiedlichen Phasen eines Innovationsvorhabens gilt es, eine Reihe wichtiger, phasenspezifischer Anforderungen zu beachten, die für ein Unternehmen erfolgskritisch sein können und in der Folge kurz skizziert werden.

4.2 VORBEREITUNGSPHASE
IDENTIFIZIERUNG DES INNOVATIONSBEDARFS

Aus der Erfahrung zeigt sich, dass Innovationsvorhaben leider selten aus gezielter strategischer Planung und meist auch ohne strategische Orientierung entstehen. Viel öfter sind alleinstehende Ideen oder der Bedarf, „irgendwie innovativ zu sein" oder „mal wieder etwas Neues für den Markt zu liefern", der Startschuss für ein Innovationsprojekt. Sinnvollerweise sollten Innovationsprojekte aber erst nach der Überprüfung von betriebsspezifischen Innovationslücken und einer Rückkopplung an die Unternehmensstrategie angegangen werden. Innovationslücken und Suchfelder können identifiziert werden, indem regelmäßig Resultate aus Markt- und Technologiefrühaufklärung, Trend-Monitoring als externe Signale sowie Analysen der eigenen Produkte, Prozesse, Technologien, Dienstleistungen und der Unternehmensstrategie als interne Signale miteinander konfrontiert werden.

INNOVATIONSLÜCKEN UND SUCHFELDER IDENTIFIZIEREN

4.3 STRATEGIEPHASE
ENTWICKLUNG DER INNOVATIONSSTRATEGIE

Die Strategieentwicklung im Innovationsmanagement basiert auf zwei Pfeilern: den identifizierten Innovationslücken und -suchfeldern sowie der Unternehmensstrategie, die Richtung und Ziele vorgibt. Daraus ergeben sich die Inhalte einer Innovationsstrategie, die unter anderem vorgeben soll, welche Rolle Innovation einnehmen soll, welcher Art- und Klassenmix der Innovationen angestrebt wird, sowie Zeitplanungen, Budgets, Zielsetzungen sowie benötigte Ressourcen definiert.

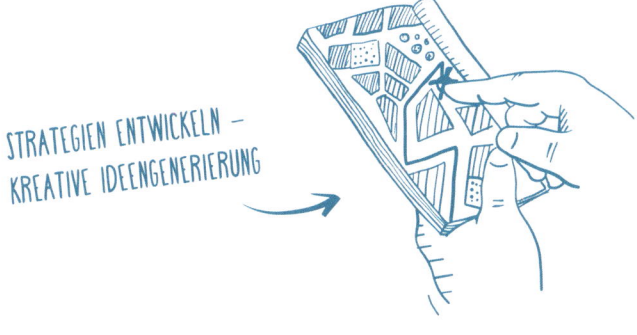

STRATEGIEN ENTWICKELN – KREATIVE IDEENGENERIERUNG

Die Strategieentwicklung muss also den Rahmen für Suchfelder vorgeben, in denen zuerst Ideen generiert und anschließend Innovationen realisiert werden sollen. Sie muss dann konkret auf die einzelnen Abteilungen und Unternehmensbereiche mit Teilzielen heruntergebrochen werden, um eine möglichst breite Identifikation der Führungskräfte und Mitarbeiter mit dem Thema zu erreichen und Innovation quasi in die „Breite" zu bringen.

4.4 IDEENPHASE
FINDEN VON NEUEN LÖSUNGEN UND ANSÄTZEN

Wurde den einzelnen Abteilungen ihr Beitrag zum Innovationserfolg verdeutlicht und die Verantwortung dafür übergeben, startet die selbstgesteuerte Ideenphase. Hier gilt es, jede Möglichkeit zu nutzen, um Ideen zu finden, die einen Beitrag liefern können, die Innovationsziele zu erreichen. Es ist daher ausdrücklich gewünscht, dass in dieser Phase viele Ideengenerierungsprozesse parallel in unterschiedlichen Abteilungen und zu vielen Themenstellungen laufen, und das Modell öffnet dafür auch den Raum. Für die spezifische Ideenfindung eignen sich je nach Unternehmen, Ausgangslage und Ziel unterschiedliche Methoden. Daher ist eine fixe Vorgabe im Leitfaden nicht sinnvoll. Es werden am Ende des Leitfadens einige Kreativitätswerkzeuge vorgestellt. Wichtig ist hier auch die Nutzung von externen Ideenlieferanten wie Kunden, Lieferanten und sonstigen externen Kreativen mittels Co-Creation.

Die generierten Ideen werden zuerst grob bewertet – meist hinsichtlich des Potenzials der Idee bzgl. Zielerreichung und bzgl. des Aufwands, der zu treiben ist, um die Idee zu realisieren. Das Modell empfiehlt einfache und risikolose Ideen, die nahe am „Daily Business" sind, in den Abteilungen zu lassen und pragmatisch ohne viel Bürokratie umzusetzen. Erfolgversprechendere, aufwendigere Ideen werden im Modell auf höherer Ebene evaluiert und es wird bzgl. des Umsetzungspfades entschieden.

4.5 UMSETZUNGS- UND PROJEKTPHASE
VON IDEEN ZU INNOVATIONEN

In der Projektphase werden die grob bewerteten und ausgewählten Ideen in Richtung marktfähiger Innovationen weiterentwickelt. Wie umfassend und risikoreich die potenzielle Innovation in das Unternehmen, den Markt, die Branche, die Geschäftsprozesse oder das Geschäftsmodell einwirkt und wie viel Aufwand die Umsetzung der Innovation benötigt, davon hängen in dieser Phase Herangehensweisen, Risikobetrachtungen, personelle Besetzung, integrierte Abteilungen sowie zeitliche und inhaltliche Rahmenbedingungen ab. Projekte werden also mit unterschiedlicher Priorität behandelt und über verschiedene risikoadäquate Pfade abgewickelt.

4.6 ERFOLGSKONTROLLPHASE
HAT INNOVATION ETWAS GEBRACHT UND WAS LERNEN WIR FÜR DIE ZUKUNFT?

In dieser Phase wird überprüft, ob die gesteckten Ziele bezüglich Innovation überhaupt erreicht wurden und ob Innovation ganz allgemein „etwas gebracht hat". Dazu sind die abgeschlossenen großen Innovationsprojekte zu analysieren, die Innovationsstrategie ist zu überprüfen und das gesamte Innovationssystem einschließlich des Innovationsprozesses ist generell auf die Probe zu stellen. Daraus werden Verbesserungen für die Zukunft abgeleitet.

NOTIZEN

> **RAUCHENDE** KÖPFE SCHAFFEN MEHR **WOHLSTAND ALS** RAUCHENDE SCHLOTE.

ROLAND STIMPEL

05
INNOVATIONSKLASSEN

BEISPIEL FÜR EINE
INKREMENTELLE INNOVATION:
COCA COLA LIFE MIT STEVIA

5.1 INKREMENTELLE INNOVATION

Inkrementelle Innovationen sind in der Regel kleinere Anpassungen bspw. existierender Produkte, um einen höheren Nutzen für Unternehmen oder Kunden zu erreichen. Durch kleine, leicht beherrschbare Änderungen, wie beispielsweise eine Rezepturänderung, können sie bei geringem Aufwand und Risiko doch eine gewisse Wirkung am Markt ermöglichen. Sie dienen aber auch oft nur der regelmäßigen Pflege, dem Optimieren oder der Verlängerung des Lebenszyklus. Produkt- oder Branchenlogik bleiben unverändert und Hersteller, Lieferanten und Kunden bewegen sich „auf bereits bekanntem Territorium". Gleiches gilt auch für die anderen Innovationsarten, wie Prozess- oder Dienstleistungsinnovation. Die Erneuerung ist überschaubar, nahe an bekannten Lösungsmustern und die Umsetzung eigentlich „Daily Business".

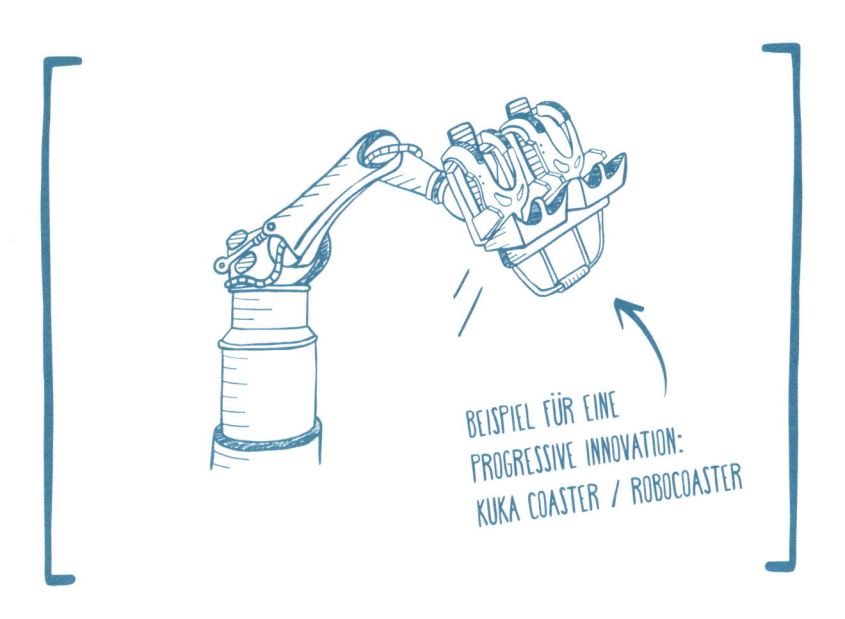

BEISPIEL FÜR EINE PROGRESSIVE INNOVATION: KUKA COASTER / ROBOCOASTER

5.2 PROGRESSIVE INNOVATION

Progressive Innovationen liegen zwischen inkrementellen und radikalen Innovationen. Die angestrebten Änderungen und das damit verbundene Risiko sind höher als bei der inkrementellen Innovation, aber noch geringer und leichter abzuschätzen als bei der radikalen Innovation. Das Unternehmen kann oftmals auf bestehende eigene Erfahrungen für die Planung und Umsetzung solcher Innovationen aufbauen bzw. diese nutzen, nur ist eben das Innovationsprojekt als solches vom Investment und Risiko eben nicht mehr „Daily Business". Demgegenüber ist bei radikalen Innovationen die Erfahrung oftmals wenig bis gar nicht vorhanden.

Beispiel für eine radikale Innovation: von Freisprecheinrichtungen zu Drohnen (Parrot)

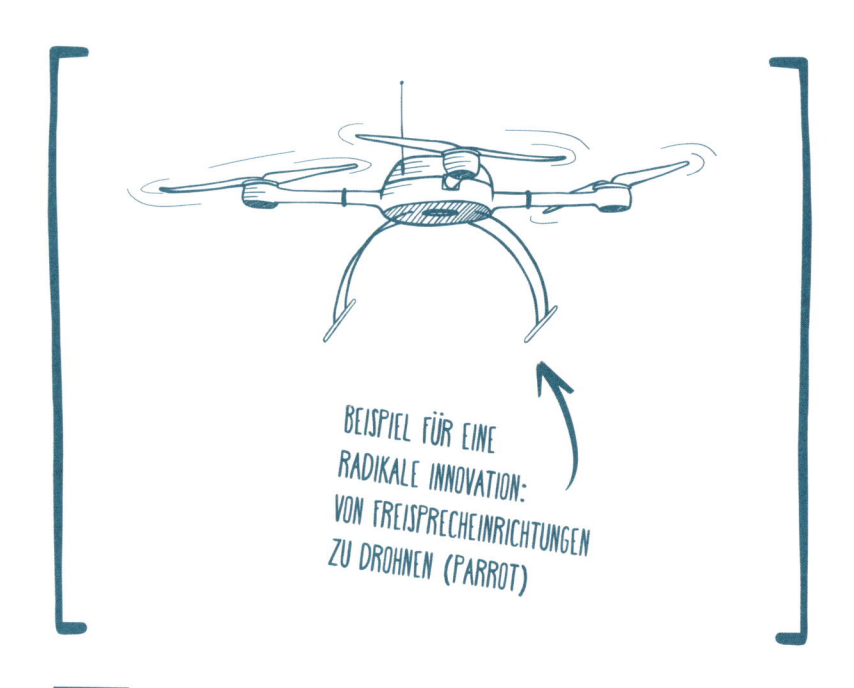

5.3 RADIKALE INNOVATION

Radikale Innovationen zeichnen sich in der Regel durch sehr großen Investitionsumfang, hohe Unsicherheit und entsprechend hohes Risiko aus. Das Unternehmen betritt praktisch Neuland, wie z. B. ein völlig neues Produkt, neues Herstellverfahren, neue Rohstoffe oder Materialien, ein völlig neuartiges Marketing- oder Saleskonzept, die Erschließung bisher unbekannter Märkte, die Öffnung einer neuen Branche oder die Etablierung eines gänzlich neuen Geschäftsmodells.

Beispiel für eine disruptive Innovation: Apple iTunes

5.4 DISRUPTIVE INNOVATION

Disruptive Innovationen bedingen eine komplette Veränderung des Unternehmens, oft sogar des gesamten Marktes. Sie sind in allen Belangen Neuland für das Unternehmen, extrem risikoreich, schwer bis gar nicht planbar und in ihrem Umfang so groß, dass das Unternehmen sie nicht in den vorhandenen Strukturen bzw. Prozessen bewältigen kann oder soll!

> **FEST UND STARK** IST NUR DER BAUM, DER UNABLÄSSIG **WINDSTÖSSEN AUSGESETZT WAR,** DENN IM KAMPF FESTIGEN UND STÄRKEN SICH SEINE **WURZELN.**

SENECA

06
INNOVATIONSARTEN

6.1 PRODUKTINNOVATION

Die Produktinnovation ist die bekannteste und weitverbreitetste Innovationsart. Unter Produktinnovation versteht man ein neues Produkt oder eine Produktverbesserung, die einen höheren Nutzen als vorher verfügbar macht. Man versteht darunter also „angreifbare" Neuheiten, bei denen die Grundfunktion des Produktes, das Design und/oder eine Zusatzleistung weiterentwickelt werden. Neue Produkte werden von der Kundschaft dann am besten akzeptiert, wenn sie aus ihrer Sicht eine klar erkennbare Verbesserung darstellen oder ein völlig neues Kundenbedürfnis befriedigen. Wichtig dabei ist, dass die echten Kundenbedürfnisse vom Unternehmen identifiziert werden, was eine der wichtigsten und auch schwierigsten Aufgaben des Innovationsmanagements ist.

> **BEISPIEL "SPLITTA"**
>
> "splitta" ist ein etwas anderes Knabbergebäck. Es ist ein gesundes, hochwertiges Knabbergebäck basierend auf einer Backmischung, die größtenteils aus Buchweizenmehl und Traubenkernmehl besteht.
>
> Quelle: http://www.innolab.at/unsere-leistungen/unsere-klientinnen-und-klienten/

6.2 DIENSTLEISTUNGSINNOVATION

Eine Dienstleistungsinnovation bedeutet die Entwicklung einer gänzlich neuen oder die deutliche Weiterentwicklung einer bestehenden Dienstleistung. Dienstleistungen sind nicht lagerbar, selten übertragbar und die Kundinnen bzw. Kunden sind maßgeblich an der Leistungserstellung beteiligt (vgl. Friseur: Die Kundinnen sind wesentlicher Bestandteil des Leistungserstellungsprozesses). Da die Dienstleistung so wie das Produkt für den Kunden erlebbar ist, sollte die Dienstleistungsinnovation in Firmen die gleiche Bedeutung haben wie die Produktinnovation. Immer mehr Firmen erkennen dies und daher werden Dienstleistungsinnovationen zunehmend wichtiger und sind mittlerweile ein bedeutender, wenn nicht entscheidender, Ergänzungsfaktor zu bestehenden Produkten.

BEISPIEL "WIRKAUFENDEINENFLUG.DE"

wirkaufendeinenflug.de ist eine Plattform, die Fluggästen ihre Ersatzansprüche gegenüber Fluglinien abkauft. Bei Verspätungen oder Annullierungen können Passagiere in einem unkomplizierten Verfahren zu einer Sofortentschädigung kommen. wirkaufendeinenflug.de geht den Forderungen dann im Nachgang bei den Fluggesellschaften nach und erbringt somit eine neue Dienstleistung für Fluggäste.

Quelle: https://www.wirkaufendeinenflug.de

6.3 PROZESSINNOVATION

Unter einem Prozess versteht man die Art und Weise sowie die Reihenfolge, in der die Aufgaben der Leistungserstellung eines Unternehmens aufeinander folgen. Bei Prozessinnovationen, auch Verfahrensinnovationen genannt, geht es darum, die eigentliche Leistungserstellung zu erneuern und nicht die Leistung selbst. Prozessinnovationen helfen den Unternehmen, ihre Herstellverfahren und Betriebsabläufe effizienter (d. h. kosten- und/oder zeitsparender) zu gestalten. Ziel von Prozessinnovationen ist also meistens die Produktivitätssteigerung – das Unternehmen will z. B. hochleistungsfähige Produkte zu möglichst niedrigen Kosten herstellen. Prozessinnovationen können bspw. auch helfen, die Betriebssicherheit zu verbessern sowie den Rohstoff- und/oder den Energieeinsatz zu reduzieren.

> BEISPIEL "MURAUER"
>
> „Die gesamte Brauerei wird in Kooperation mit den Murauer Stadtwerken mit Nahwärme versorgt und auch die Produktion folgt dem Prinzip Niedrigenergie: Anstelle von 165 °C heißem Wasserdampf, der beim Aufkochen von Brauwasser, Hopfen und Malz zum Einsatz kam, wird nun 115 °C heißes Wasser verwendet. Damit die Herstellung gleich schnell weiterlaufen kann, wurden alle Pfannen und Bottiche energieeffizient umgerüstet. Im ersten Jahr konnten so 700.000 l Heizöl eingespart werden."
>
> Quelle: http://www.murauerbier.at/index.php/das-ist-unser-bier/aktuelles/145-brauerei-murau-gewinnt-den-ffa

6.4 MARKETINGINNOVATION

Bei der Marketinginnovation werden im Prinzip die vier klassischen (bzw. drei zusätzlichen) Marketinginstrumente des Marketing-Mix eines Unternehmens erneuert. Der Marketing-Mix bei Produkten besteht aus product (Produktgestaltung), price (Preisgestaltung), promotion (Werbung/Kommunikation) und place (Distribution). Bei Dienstleistungen wird der Marketing-Mix noch ergänzt um people (Personal), processes (Prozess) und physical evidence (Ausstattung und Wahrnehmung). Wird also bspw. über einen für Kunden und Branche neuen Kommunikationskanal erfolgreich verkauft, so handelt es sich um eine Marketinginnovation.

> BEISPIEL "AMAZON DASH BUTTON"
>
> Mit dem Dash-Button geht Amazon neue Wege beim Bestellen von Verbrauchsartikeln im Haushalt. Egal ob Waschpulver oder Kaffeepads, überall kann ein Button angebracht werden. Geht der Vorrat zur Neige, drückt der Kunde lediglich auf einen Knopf und die Bestellung wird ohne weitere Interaktion geliefert.
>
> https://www.amazon.com/Dash-Buttons/

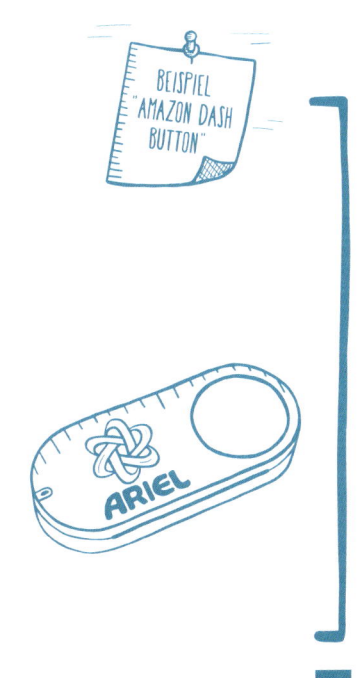

6.5 ANWENDUNGSINNOVATION

Bei der Anwendungsinnovation wird eine bereits bestehende Lösung (also z. B. ein Produkt, eine Technologie oder auch eine Dienstleistung) erfolgreich in einen neuen (und gänzlich fremden) Markt übertragen. Das kann unmittelbar oder auch mittels kleiner Anpassungen an der Lösung passieren. Der Begriff beschreibt also den Fall, dass neue, zusätzliche Einsatzmöglichkeiten für Knowhow und Fähigkeiten gefunden werden, mit denen man sich in einem Unternehmen bereits auskennt.

> **BEISPIEL "TITAN-PRODUKTE"**
>
> Präzisionsprodukte aus Titan werden im Bereich der medizinischen Implantate schon seit vielen Jahren verwendet. Unternehmen aus diesem Gebiet erweitern ihr Marktgebiet nun zusehends in die Bereiche Industrie und Design. Seien es spezielle Anforderungen in einem Projekt, ein Kunstobjekt oder einfach nur Schmuckstücke aus Titan – die im Bereich Medizintechnik gewonnenen Fähigkeiten werden in neue Märkte transferiert.
>
> Quelle: http://www.innolab.at/unsere-leistungen/unsere-klientinnen-und-klienten/

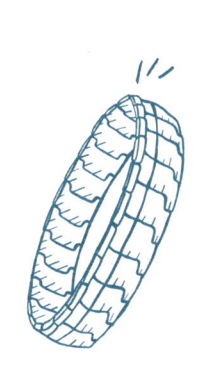

BEISPIEL "LAMBDA-SONDE"

Lambdasonden stellt Bosch seit 1976 her. Heute sind es rund 5.000 dieser Sensoren, die pro Stunde in den Bosch-Fabriken weltweit produziert werden. Lambdasonden werden im Abgasrohr von Verbrennungsmotoren (Benziner und Diesel) eingebaut und messen den Sauerstoffgehalt. Die Daten unterstützen die exakte Gemischaufbereitung und damit eine schadstoffarme Verbrennung. Nun kamen kreative Bosch-Ingenieure und -Ingenieurinnen auf die Idee, dass man so ein kleines Sauerstoffgehalt-Messgerät auch in Backöfen gut gebrauchen kann. Der nachfolgend beschriebene PerfectBake-Sensor ist nichts anderes als eine Lambdasonde.

Aus der Pressemitteilung über den Serie-8-Ofen:

„Der exklusiv bei Bosch erhältliche PerfectBake-Backsensor nutzt die physikalische Erkenntnis, dass ein Backprozess abgeschlossen ist, wenn der Feuchtigkeitsgehalt im Backrohr seinen höchsten Stand erreicht. Ein Sensor misst daher kontinuierlich die Sauerstoffkonzentration im Backrohr und berechnet auf dieser Basis den Feuchtigkeitsgehalt. Die Information wird an die Elektronik weitergeleitet, die den Backprozess exakt danach ausrichtet."

http://wettengl.info/Blog/?p=5019
http://www.bosch-home.com/de/
pressemeldung.html?pressrelease=einfach-zum-perfekten-ergebnis-bosch-stellt-serie-8-backofen-vor~13672

6.6 GESCHÄFTSMODELLINNOVATION

Unter einer Geschäftsmodellinnovation wird eine bewusste Veränderung eines bestehenden Geschäftsmodells bzw. die Schaffung eines neuen Geschäftsmodells verstanden, um Kundenbedürfnisse anders bzw. besser zu befriedigen, als es bereits bestehende Geschäftsmodelle tun. Geschäftsmodellinnovationen haben immer hohe strategische Relevanz, da sie die grundlegende Struktur des Geschäfts oder der Branche verändern, und stellen eigentlich die „Königsklasse" der Innovationen dar.

Die Geschäftsmodellinnovation verändert, vereinfacht gesagt, einen oder mehrere der drei Hauptbestandteile eines Geschäftsmodells – die Value Proposition (Nutzenversprechen), die Architektur der Wertschöpfung und das Ertragsmodell. Das Nutzenversprechen bedeutet im Allgemeinen, welche Leistungen ich anbiete. Die Architektur betrachtet die Nutzenerstellung, im Prinzip die Art und Weise, wie die Produkte oder Dienstleistungen erstellt werden. Das Ertragsmodell beschreibt, aus welchen Quellen und auf welche Weise ein Unternehmen sein Einkommen erwirtschaftet.

BEISPIEL "ROLLS ROYCE"

Die TotalCare-Initiative von Rolls Royce (oft auch „Power by the hour" genannt) hat eine gesamte Branche verändert. Mit dieser Innovation hat Rolls Royce nicht nur Vorteile für sich und seine Kunden bewirkt, sondern auch preisgünstige Fluglinien wie SouthWest Airlines möglich gemacht. TotalCare umfasst die Bereitstellung des Triebwerkes für ein Flugzeug zusammen mit dessen Überwachung, Wartung und Reparatur für die gesamte Lebensdauer des Gerätes. Dabei bleibt das Triebwerk Eigentum von Rolls Royce: Die Fluglinien bezahlen für die Dienstleistung, die das Triebwerk erbringt. Damit müssen sie nichts bezahlen, wenn das Triebwerk ruht oder außer Betrieb ist. Die Motivation für Rolls Royce, TotalCare einzuführen, war, ihren Kundenservice zu verbessern und den Kunden zu helfen, Kapitalausgaben in Betriebsausgaben zu verwandeln. Hinzu kam, dass ihre Gewinnmargen im Ersatzteilmarkt durch Drittanbieter bedroht wurden. Die Vorteile für die Fluglinien sind laut Aussage von Rolls Royce:

- **Die Zuverlässigkeit der Triebwerke wird belohnt.**
- **Finanzielle Risiken werden reduziert.**
- **Die Betriebskosten werden planbar.**
- **Die Verfügbarkeit der Triebwerke wird erhöht.**
- **Verbesserungsmaßnahmen werden automatisch ausgeführt.**

Darüber hinaus bedeutet TotalCare, dass Triebwerkhersteller und Fluglinie ein Interesse daran haben, dass das Triebwerk zuverlässig arbeitet und eine lange Lebensdauer hat.

http://www.zephram.de/blog/geschaeftsmodellinnovation/beispiel-servitization/

BEISPIEL "BÄCKEREI MARTIN AUER"

> *DIE ZEITEN MÖGEN SICH ÄNDERN,*
> *GUTES HANDWERK NICHT.*
>
> Martin Auer

Der Bäckermeister Martin Auer leitet sein Unternehmen bereits in dritter Generation. Mit Mut zu neuen Ansätzen und dem Denken über das Backblech hinaus hat sich das Unternehmen in den letzten Jahren ein Alleinstellungsmerkmal unter den Bäckereien geschaffen. Rund um das Produkt Brot und Gebäck bilden nun viele neue Aspekte von der eigenen Marmelade, dem hippen Livestyle-Café bis zum Kindercafé ein neues Geschäftsmodell in der Branche.

Quelle: http://www.martinauer.at

6.7 WEITERE INNOVATIONSARTEN

Die Kategorisierung der Innovationsarten hat jedoch, wie am Anfang des Buches beschrieben, nicht zwangsläufig immer etwas mit Monetarisierung zu tun. Auch in den Bereichen Unternehmensorganisation, Soziales, Umwelt etc. findet Innovation statt, welche mehr oder weniger die Wettbewerbsfähigkeit eines Unternehmens verbessert. Eine wesentliche weitere Art der Innovationsklassifizierung hat durch Professor Clayton Christensen stattgefunden. Die Unterscheidung erfolgt hierbei in die sogenannten „Sustaining Innovations", also erhaltende Innovationen, und die „Disruptive Innovations", also die (zer-)störenden Innovationen.

Erhaltende Innovationen verbessern das Leistungsangebot eines Unternehmens, zielen jedoch darauf ab, den etablierten Markt zu erhalten. Sie sind meist in „Premium-Produkten" vorab zugänglich und diffundieren dann auch zu den „LowEnd-Produkten" durch.
- **Beispiel: etwa die CD als Nachfolger bandbasierter Abspielgeräte.**

(Zer-)störende Innovationen hingegen verändern das Leistungsangebot komplett und bieten einen kostentechnischen Vorteil. Anfangs ist dabei auch von einer geringeren Leistungsfähigkeit des neuen Produkts auszugehen, zumindest nach den Spielregeln des etablierten Markts.
- **Beispiel: Streaming-Dienste und digitale Musikangebote (MP3, iPod etc.)**

NOTIZEN

> **ES IST NICHT DER** STÄRKSTE, DER ÜBERLEBT, **AUCH NICHT DER INTELLIGENTESTE,** ES IST DERJENIGE, DER SICH **AM EHESTEN DEM WANDEL** ANPASSEN KANN.

CHARLES DARWIN

07
DAS MODELL AUF EINEN BLICK

7.0 DAS MODELL AUF EINEN BLICK

In diesem Teil dieses Leitfadens wird das Innovationsmodell detaillierter erläutert. Dazu wird mit dem Blick auf das große Ganze begonnen und das Modell als zyklischer Innovationsmotor vorgestellt.

Die nachfolgende Grafik bedeutet in der Arbeit mit dem Modell mehr als nur die grafische Darstellung eines Innovationskonzeptes. Vielmehr ist die Grafik das Kondensat des Modells und zeigt, im wahrsten Sinne des Wortes, das „BIG Picture™" bzw. „das große Bild" – eben alle wesentlichen Komponenten und Abläufe des Innovationsmanagementprozesses auf einen Blick:

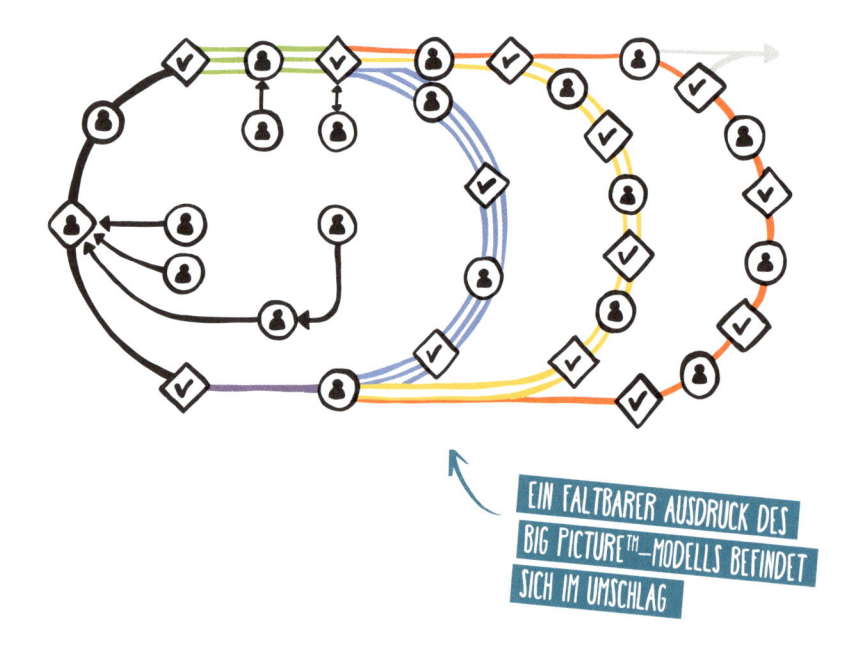

EIN FALTBARER AUSDRUCK DES BIG PICTURE™-MODELLS BEFINDET SICH IM UMSCHLAG

Die einzelnen Arbeitsschritte (Stages) sind in der Visualisierung als Kreis dargestellt und die Entscheidungspunkte (Gates) als Rauten. Die Rauten stehen für Entscheidungspunkte und somit im rechten Teil des Modells explizit als Abbruchmöglichkeiten für konkrete Innovationsvorhaben. Als Meilensteine bzw. Gates fordern sie z. B. Entscheidungen, ob und wie mit dem konkreten Innovationsprojekt weiter verfahren wird. Pfade mit breiten Linien sollen verdeutlichen, dass hier Prozesse mehrfach, parallel in verschiedenen Abteilungen und zu verschiedenen Zeiten, Anlässen und Themen ablaufen können.

Zusätzlich weist das Modell wesentliche Merkmale auf:

- die Einbettung der Innovationsarbeit in die Unternehmensstrategie mit den zwei wesentlichen strategierelevanten Determinanten Flughöhe und Unternehmensvision

- die gezielte Ermittlung von Innovationslücken und Innovationssuchfeldern und den dafür nötigen Informationsquellen

- die vier Innovationsklassen mit ihren spezifischen Realisierungsprozessen

- den strukturierten Verlauf der Innovationsprojekte mit den Arbeits- und Entscheidungsphasen

- die immanente Erfolgskontrolle und die Reviews

Das Modell ist in verschiedenfarbige Phasen unterteilt, die einzelne Arbeitspakete (Stages) und Entscheidungspunkte (Gates) in logische Einheiten zusammenfassen. Diese sind:

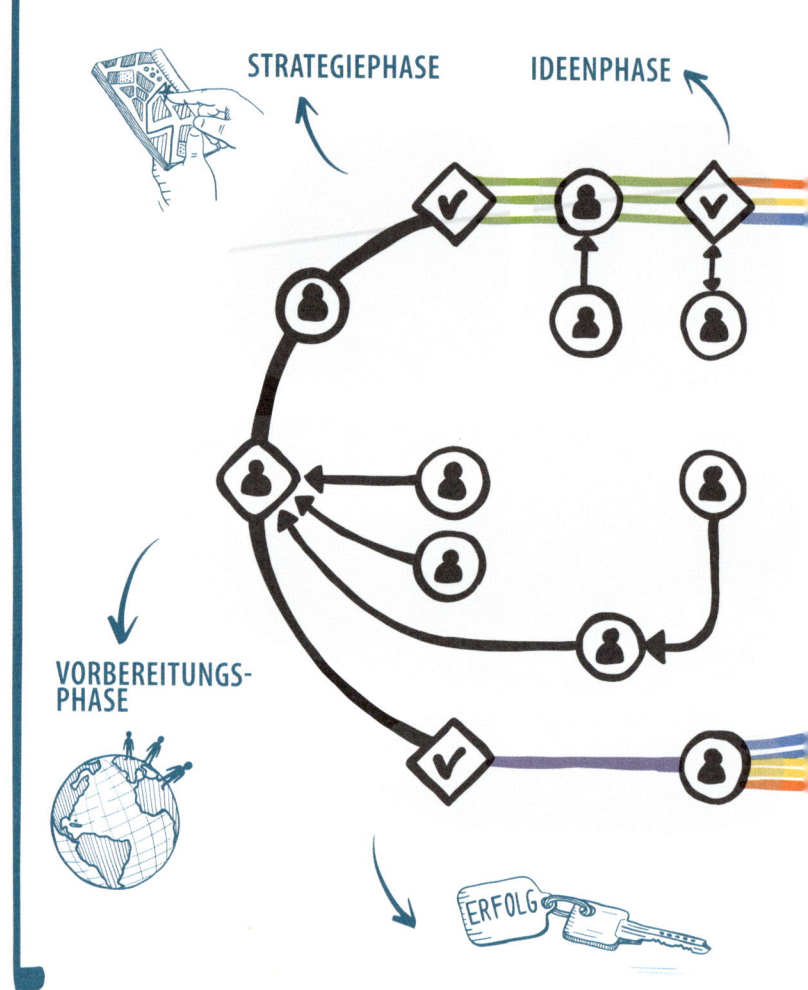

STRATEGIEPHASE

IDEENPHASE

VORBEREITUNGS-PHASE

ERFOLGSKONTROLLPHASE

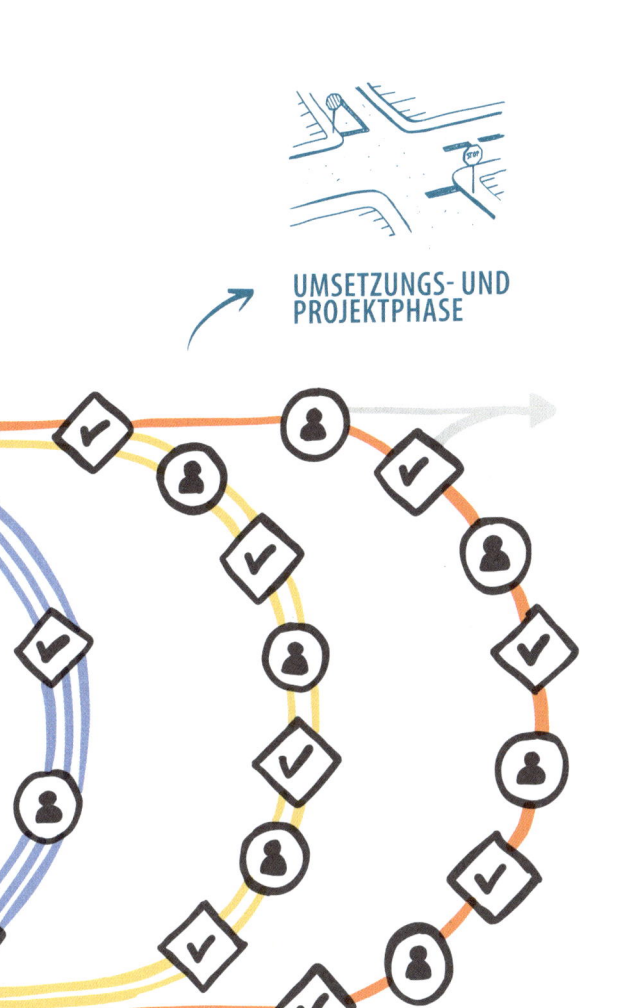

UMSETZUNGS- UND PROJEKTPHASE

BLAUER PFAD
Inkrementelle Innovationen: erfolgversprechende Kleinprojekte nahe am Daily Business mit niedrigem Risiko, niedrigem Investment und eher kurzer Umsetzungszeit, die auf Abteilungsebene verbleiben und mit wenigen Stages und Gates und meist ohne Beteiligung der Unternehmensleitung bei Entscheidungen realisiert werden. Da diese Kleinprojekte in nahezu jeder Abteilung und zeitlich parallel stattfinden, ist der Pfad sehr breit ausgeführt.

GRÜNER PFAD
In allen relevanten Unternehmensbereichen stattfindende Ideengenerierung, Co-Creation und Ideensammlung. Daher sehr breit ausgeführt. Gefolgt von einer ersten groben Evaluierung.

SCHWARZER PFAD
Analyse des Handlungsbedarfs aus Lebenszyklussicht, aus Strategiesicht und aus der Markt- bzw. Technologiefrühaufklärung heraus. Darauf aufbauend Feststellen der Innovationslücken und der Suchfelder, gefolgt von Strategiedefinition und Übergabe der Innovationsziele an die Abteilungen.

PURPURNER PFAD
Controlling und Lessons Learned Review der Innovationsprojekte im Allgemeinen, der Innovationstrategie und des Innovationsprozesses. Ableiten von Handlungsbedarf aus der Lebenszyklus-Analyse der Angebote, Technologien und Prozesse etc.

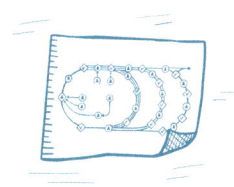

BITTE NEHMEN SIE IHREN FALTBAREN AUSDRUCK ZUR HAND UND SEHEN SIE SICH DIE DETAILS DES MODELLS AN.

GELBER PFAD

Progressive Innovationen: erfolgversprechende Projekte mit höherem Risiko als inkrementelle, höherem Investment und etwas längerer Umsetzungszeit, mehreren Stages und Gates und selektiver Beteiligung der Unternehmensleitung bei Entscheidungen. Mehrfach, parallel stattfindend, daher breit ausgeführt.

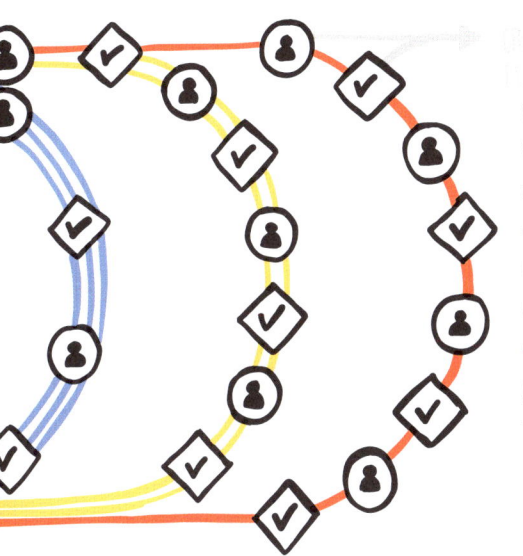

ORANGER PFAD

Sonderprojekte bzw. disruptive Innovationen: Diese Projekte sind als Prozess nicht durchgeplant, da sie aufgrund der Neuheit eigenen Regeln folgen und daher nicht in einen Standard-Prozessablauf passen. Für jede Idee wird das weitere Verfahren individuell abgestimmt.

ROTER PFAD

Radikale Innovationen: erfolgversprechende Projekte mit sehr hohem Risiko, hohem Investment und langer Entwicklungs- und Umsetzungszeit, vielen Stages und Gates und maßgeblicher Beteiligung der gesamten Unternehmensleitung und wichtigen Personen bei Entscheidungen. Nur einmal je Firma. Daher als einfacher Strich ausgeführt.

NOTIZEN

> **UM MENSCHEN** ZU BEEINFLUSSEN, KANN MAN **ZWEI METHODEN EINSETZEN:** MANIPULATION ODER INSPIRATION.

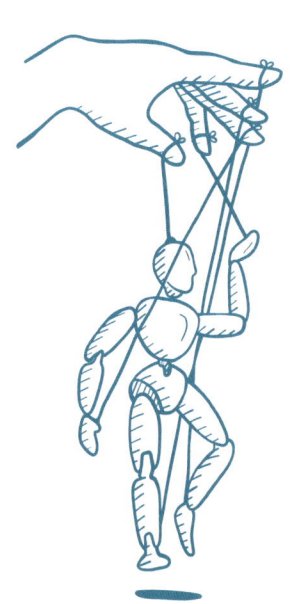

SIMON SINEK, HOCHSCHULLEHRER UND BERATER

> IM FOLGENDEN WERDEN DIE SKIZZIERTEN PHASEN UND ARBEITSSCHRITTE DES MODELLS DETAILLIERTER BESCHRIEBEN

08
DIE EINZELNEN SCHRITTE DES MODELLS

8.1 INNOVATIONSLÜCKEN & SUCHFELDER

Diese Phase umfasst jene Arbeitsschritte, die der Entwicklung einer Innovationsstrategie vorausgehen. Ihr Output sind eine oder mehrere konkret identifizierte und beschriebene Innovationslücke(n) und die daraus abgeleiteten Innovationssuchfelder. Innovationslücken beschreiben den abstrakten Handlungsbedarf im Innovationsbereich zur Erfüllung der strategischen Ziele; die Suchfelder beschreiben den konkreten Aktionsbereich dabei.

Die Quellen, die zur Identifikation der Innovationslücken und Bestimmung der Suchfelder analysiert und verknüpft werden, sind die Erkenntnisse der Markt- und Technologiefrühaufklärung sowie der Input aus der Unternehmensstrategie und dem Life-Cycle-Status, d. h. dem Lebenszyklus-Status der eigenen Produkte, Dienstleistungen, aber auch der eigenen Technologien und Prozesse als interne Informationsquellen. Wichtig ist dabei ggf. auch ein Blick auf das bisherige Innovationsverhalten und die alte Innovationsstrategie (sofern vorhanden) des Unternehmens.

Die Frühaufklärung an sich soll den Blick auf zukünftige externe Entwicklungen lenken, die quasi am Horizont schon erkennbar sind und die höchstwahrscheinlich Auswirkungen (positive und negative) auf das Unternehmen und den Markt haben werden. Wichtig dabei kann es sein, diese Analysen auch für das Geschäft der Kunden bzw. Lieferanten zu machen.

Aus der Technologiefrühaufklärung (Technology Intelligence) könnten beispielsweise folgende Aspekte ausgewählt und analysiert werden:

- Bewertung der Chancen, Risiken und Auswirkungen von neuen Rohstoffen, Werkstoffen, Technologien, Verpackungen, Patenten, Prozessen, Applikationen und Arbeitsweisen für den eigenen Betrieb, aber auch für Lieferanten und Kunden

- mögliche Substitutionstechnologien bzw. -produkte
- für die Zukunft relevante Normen, Vorschriften oder Gesetze
- etc.

Im Rahmen der Marktfrühaufklärung (Market Intelligence) bietet sich die Analyse und Interpretation der Signale aus den folgenden Bereichen an:

- zukünftige, neue oder veränderte Kunden-Anforderungen und -bedürfnisse (auch ggf. für die Kunden der Kunden)
- verändertes Mitbewerberverhalten bzw. neue Mitbewerber
- Entwicklung regionaler Märkte oder Teilmärkte
- das rechtliche Umfeld
- Markt- und Kundentrends allgemein
- neue Anwendungsmöglichkeiten für die eigenen Produkte, Prozesse und das Know-how
- neue Marketing- und Verkaufsansätze
- neue Geschäftsmodelle anderer Marktteilnehmer
- Veränderung der Wertschöpfungsprozesse bei den Kunden
- etc.

BEISPIEL

INNOVATIONSLÜCKE

Innovationslücken beschreiben den abstrakten Handlungsbedarf im Innovationsbereich zur Erfüllung der strategischen Ziele als erkannte Differenz zwischen einem Ist- und einem gewünschten Sollzustand.

Angewandt auf einen mittelgroßen Möbelproduzenten, der bisher überwiegend Holz bzw. Holzwerkstoffe zu Möbeln verarbeitet hat, könnte eine solche Innovationslücke folgendermaßen identifiziert werden: Aufgrund der Beobachtungen erkennt die Firma, dass sie es beispielsweise in Küchen verstärkt mit neuen Materialien, wie Stahl, Corten oder Nirosta, zu tun haben wird bzw. der Kombination dieser Materialien mit Holz.

Aktuell kann man mit diesen Materialien nicht umgehen, ja man kennt nicht mal die verfügbaren Materialien und deren Eigenschaften – Holz ist der Fokus. Man erkennt also „wir haben dzt. keine geeigneten Dekors, Oberflächen und Mischmaterialien, um den zukünftigen Wünschen der Kunden in den nächsten Jahren begegnen zu können. Grund sind deutliche Defizite im Bereich Materialkompetenz."

BEISPIEL

SUCHFELD

Bei einem Suchfeld handelt es sich um einen abgegrenzten, konkreten Suchbereich, welcher aus einer Innovationslücke abgeleitet wird – er ist also quasi eine Teilmenge der Innovationslücke. In diesem Bereich erwartet man sich später konkrete Lösungen für die Zukunft der Firma. Aus einer Innovationslücke können selbstverständlich mehrere Suchfelder abgeleitet werden.

Am Beispiel der Möbelfirma könnten solche Suchfelder auf konkrete Material- und Möbellösungen im Bereich der Materialien Stein und Metall lauten. Dazu muss die Firma sich mit den konkreten Materialeigenschaften, Einsatz- und Verarbeitungsmöglichkeiten vertraut machen. Auf Basis dieses Know-hows sollen dann gemeinsam mit externen Experten und Kunden Lösungsideen und neue Möbelansätze generiert und evaluiert werden.

BEISPIEL

INNOVATIONSPROJEKT

Ein Innovationsprojekt setzt eine erfolgversprechende Idee in ein konkretes Ergebnis um und verfolgt somit ein ganz bestimmtes vorgegebenes Ziel, wobei die Zeit sowie die Ressourcen zur Zielerreichung oftmals begrenzt sind. Für ein mögliches radikales Innovationsprojekt, welches meist neuartig und/oder komplex ist, werden ggf. innerhalb einer Organisation auch neue Strukturen eingerichtet.

Für die Möbelfirma kristallisieren sich nun nach der Ideengenerierung und Evaluierung zwei konkrete Innovationsprojekte heraus. Einerseits möchte die Firma den Einsatz von speziellem Naturstein-Furnier für Frontplatten in Küchenmodulen und Möbeln realisieren und andererseits sollen Tischplatten aus regionalem Holz mit Metall – im Sinne von Einschmelzungen – versehen werden. Für beide Projekte werden in der Firma ausgewählte MitarbeiterInnen benannt, die z. B. dafür einen Nachmittag pro Woche an dem Projekt arbeiten können.

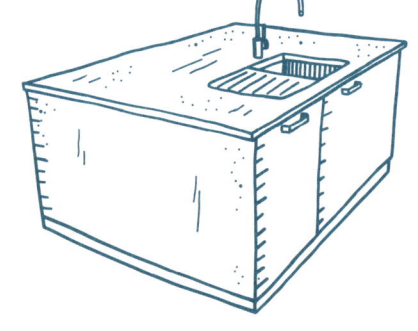

PRODUKT/ANGEBOT

Ein Produkt bzw. Angebot kann als konkretes Ergebnis eines Innovationsprojektes verstanden werden, welches nun am Markt verkauft werden soll. Das Produkt steht dabei für ein bestimmtes neues Leistungsbündel oder, anders gesagt, es befriedigt ein bestimmtes Kundenbedürfnis auf neue Art.

Ausgehend vom Suchfeld hat die Möbelfirma nun zwei neue Angebote im Sortiment. Eine neue Frontplatten-Linie aus hauchdünnem Naturstein-Furnier als hochexklusive Linie für Küchen und Badezimmermöbel und eine kunstvolle Tisch-Linie mit Metalleingussarbeiten, kombiniert mit edlen Corten-Standbeinen.

8.2 AUSWAHL DER SUCHFELDER

Wie vorhin beschrieben können sich aus den Innovationslücken eine Vielzahl von Suchfeldern ergeben, welche besprochen, analysiert, evaluiert und ausgewählt werden müssen. Da bekanntlich in jeder Firma Ressourcen, Zeit und Geld begrenzt sind, gilt es, jene zu finden, welche am besten passen und den größten Hebel haben. Weiters sollen Hinweise auf eine zeitliche Abfolge gefunden werden.

Für diesen Schritt hat sich die folgende Portfolio-Analyse (in pragmatischer Anlehnung an das Eisenhower-Schema) zur Bewertung und Auswahl von Suchfeldern bewährt. Die strategische Relevanz eines Suchfeldes wird mit der Dringlichkeit der Umsetzung des Suchfelds in Beziehung gestellt, d. h. es werden die Fragen „Wie wichtig ist dieses Suchfeld für unsere Zukunft?" und „Wie dringend müssen wir dieses Suchfeld angehen?" beantwortet.

Suchfelder, die im oberen rechten Quadranten positioniert werden, sollten in jedem Fall und rasch bearbeitet werden, da sie hohe Relevanz bei hoher Dringlichkeit vermuten lassen. Jene im oberen linken Quadranten müssen selektiv betrachtet und ausgewählt werden, da sie zwar hohe Relevanz vermuten lassen, aber die Umsetzung nicht so dringend erscheint. Diese können langfristiger angegangen werden. Für die Suchfelder im rechten unteren Bereich wäre eine Umsetzung durch Partner denkbar. Der Rest kann verworfen werden.

Die so identifizierten und ausgewählten Suchfelder werden sauber beschrieben, ihre Auswahl begründet (beispielsweise hinsichtlich ihrer Auswirkung auf die Zukunft des Unternehmens, Gefahren, Alternativen, bestehende Normen, relevante Kundenanforderungen oder -trends, mögliche Alleinstellungsmerkmale) und die Umsetzung und der Ressourcenbedarf geplant.

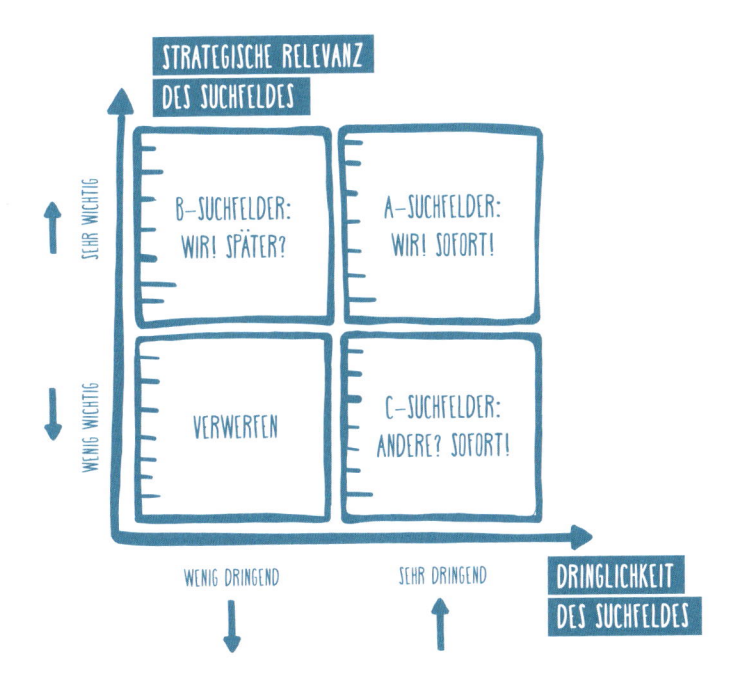

8.3 INNOVATIONSSTRATEGIE

Nachdem die relevanten Suchfelder für das Unternehmen erarbeitet sind, wird in der nächsten Phase die Innovationsstrategie für die nächsten Jahre entwickelt, die mindestens folgende Aspekte beinhalten sollte:

- **Nennung der Grundlagen für die Erarbeitung der Strategie (zum Beispiel Konzern- oder Unternehmensstrategie, Analysen, Aufklärungsergebnisse)**

- **Definition der grundlegenden Rolle von Innovation im Unternehmen und ihre übergeordnete Zielsetzung (abgeleitet aus der Unternehmensstrategie)**

- **Innovationsziele (in Übereinstimmung mit der Unternehmensstrategie)**

- **Darstellung der ausgewählten Suchfelder, deren Abfolge und Bedeutung**

- **Festlegung der benötigten Ressourcen und des Budgets**

- **Überblick der Aktivitäten mit klaren Zuständigkeiten und Zeitplänen**

- **zusammenfassende Roadmaps**

In der Praxis hat es sich bewährt, die Innovationsstrategie in einem kleinen Team vorzubereiten und dann in einem Workshop mit den relevanten Führungskräften (z. B. Geschäftsführung) final zu erarbeiten und abzustimmen. Dies dient quasi als Prüfungsroutine und Freigabestelle, denn dort erhält die Innovationsstrategie den letzten Feinschliff. Weiters wird ein klares Bekenntnis seitens der Geschäftsführung erzeugt und die notwendigen Ressourcen und Budgets erhalten die erforderliche Freigabe.

Der Output aus dieser Strategieentwicklung ist ein Innovationsstrategiepapier, das die oben genannten Inhalte zusammenfasst und die Vorstellung der Innovationsstrategie bei den Führungskräften und Mitarbeitern der Abteilungen vorbereitet. Darin enthalten ist auch die entsprechende Ableitung spezifischer Innovationsziele für die einzelnen Abteilungen bzw. Führungskräfte auf Basis der übergeordneten Innovationsstrategie. Es wird also die übergeordnete Innovationsstrategie auf die Abteilungen und Bereiche heruntergebrochen und es werden individuelle Innovations-Jahresziele definiert, die es seitens der Führungskräfte zu erreichen gilt. Diese Ziele sollten unbedingt in die Zielvereinbarungen mit den verantwortlichen Managern einfließen und seitens der Geschäftsführung laufend geprüft werden. Dafür ist das **Commitment-Gate** vorgesehen. Meist sind die verantwortlichen Führungskräfte aber ohnehin bereits in die Erarbeitung der Strategie eingebunden bzw. beteiligt.

Somit wird Innovation zu einem breiten Thema für alle relevanten Bereiche und ist nicht mehr nur ein Thema für die Innovationsabteilung alleine. Aus der Unternehmenspraxis ist zu beobachten, dass das oben genannte Strategiepapier für die Innovationsverantwortlichen eines Unternehmens oft ein sehr wichtiges Statement für die interne Stärkung des Themas Innovation ist und weitere Kreise im Unternehmen an Innovationsvorhaben bindet. Die Innovationsverantwortlichen können sich von nun an auf die eigenen Innovationsziele, das Innovations-Prozessmanagement und auf ausgewählte Innovationsprojekte konzentrieren.

8.4 IDEATION

Ist die Innovationsstrategie final festgelegt und sind die Suchfelder bzw. Ziele definiert, geht es in der nächsten Phase darum, die Suchfelder zu bearbeiten und u. a. geeignete Ideen dafür zu finden und diese hinsichtlich einer ersten, groben Zielerreichung zu bewerten. Es wird nun also an mehreren Suchfeldern und Themen in verschiedenen Abteilungen interdisziplinär gearbeitet, was im Modell entsprechend durch die Breite des grünen Pfades skizziert ist. Dies ist operativ gut umsetzbar, wenn, wie beschrieben, die entsprechenden Verantwortlichen in den Abteilungen klare Ziele erhalten. Es ergibt sich, wie erwähnt, ein hoher praktischer Steuerungsnutzen, wenn das Innovationsstrategiepapier eine Roadmap enthält und für die Verantwortlichen aller relevanten Abteilungen klare Zielkriterien und Vorgaben rund um das Thema Innovation vereinbart werden. Während also Vorbereitungsphase und Strategieentwicklung vorgelagert, rein auf Unternehmensebene und zu zentral festgelegten Zeiten durchlaufen werden (empfehlenswert z. B. einmal im Jahr), ist die Ideationsphase durch die jeweiligen Verantwortlichen und Abteilungen selbstbestimmt und folgt keinen Vorgaben hinsichtlich Zeitpunkt und Anzahl der Ideenfindungsrunden. Die individuelle Erreichung der Ziele ist wichtig.

Ergebnis dieser Ideationsphase muss eine erste Entscheidung der generierten, grob bewerteten und ausgewählten Ideen bzgl. der weiteren Umsetzung sein. Dies passiert im Check-In-Gate. Erfolgversprechende Ideen, welche nahe am Daily Business sind – also inkrementelle Innovationsideen – sollen nach dem BIG Picture™ in der jeweiligen Abteilung bleiben und dort umgesetzt werden. Ideen, die erfolgversprechend erscheinen, aber eben nicht zum Tagesgeschäft zählen, werden gemäß dem Modell nach oben eskaliert und im **Pitch-Gate** einer weiteren Entscheidung zugeführt, inwieweit diese Ideen progressiven (gelb) oder radikalen (rot) Charakter haben.

INNOVATION BRAUCHT KOLLABORATION

Anstatt ein Problem einer Person alleine zur Lösungsfindung zu übergeben, sollten „kreative Teams" mit Mitgliedern aus unterschiedlichen Fachbereichen, mit Kunden, Lieferanten, Konsumenten oder anderen Stakeholdern formiert werden. Es ist auch lohnend, externe oder interne kreativ Begabte im Umfeld der Unternehmung einzubinden. Interessant ist dieser Open-Innovation-Ansatz (nach Chesbrough) im Sinne eines „problem broadcasting instead of solution seeking", der jeden als potenziellen Ideenlieferanten betrachtet und Plattformen, wie nine-sigma.com, atizo.com, hyve.de, oder eigens veranstaltete Innovationscontests nutzt. Für die gesamte Innovationsarbeit, besonders für die Ideengenerierung, ist dabei eine innovationsfördernde Kultur im gesamten Unternehmen essenziell. In der Praxis findet sich diese zumeist bei jenen Unternehmen, die den Aufbau einer kreativitäts- und innovationsfreundlichen Kultur zu einer wichtigen Führungsaufgabe gemacht haben. Neben der funktionellen Basis für Innovationen durch die Ableitung der Innovationsstrategie aus der übergeordneten Unternehmensstrategie und ihre Einbettung in bestehende Strukturen und Prozesse (z. B. Zielvereinbarungsprozess) braucht es gelebte

Innovations- und Kreativitätswerte: Vertrauen in die Mitarbeiter, Kritikfähigkeit, „Out of the Box"-Denken, Herzblut und Leidenschaft, wertschätzender und offener Umgang mit Neuem, Risikobereitschaft und Mut und schlussendlich die Bereitschaft, Fehler machen zu dürfen und daraus zu lernen.

Weiter ist die Nutzung der Ideen aller Mitarbeiter durch das betriebliche Vorschlagswesen, Ideenmanagement und KVP (kontinuierlicher Verbesserungsprozess) ratsam. Das Management hat hierbei eine wesentliche Vorbildrolle. „Führen durch Vorbild" ist gerade im Innovationsbereich keine leere Floskel!

Für die Praxis der Ideenfindung können, je nach Innovationsprojekt, die folgenden Tools und Informationen herangezogen werden:

MODERIERTE KREATIVITÄTSTECHNIKEN

Es gibt eine Reihe von Kreativitätstechniken zur gezielten und systematischen Generierung von Ideen. Es kommt darauf an, die geeigneten Methoden für die jeweilige Aufgabenstellung auszuwählen, um so die Wahrscheinlichkeit kreativer Lösungen erheblich zu steigern. Im Anhang sind die relevantesten Werkzeuge kurz skizziert: Osborn-Methode, Brainstorming, Methode 635, Morphologischer Kasten und 9-Fenster-Methode.

WEITERBILDUNG IN KREATIVITÄT

Kreativität sollte einen festen Platz in der innerbetrieblichen Ausbildung haben, um die kognitiven Fähigkeiten der Mitarbeiter gezielt um assoziative Fähigkeiten zu ergänzen, aber auch um eine entsprechende Haltung der

Offenheit, Wertschätzung und Fehlertoleranz zu etablieren. Der Umgang mit Denkblockaden und das Erkennen eigener Kreativitätspotenziale spielen darüber hinaus eine wichtige Rolle. Nicht zuletzt wirkt die Innovationskultur hier förderlich.

KREATIVITÄTSBARRIEREN

Die Kreativitätsforschung ist noch nicht so weit ausgereift, dass sämtliche die Kreativität hemmenden Einflüsse eindeutig identifiziert sind. Allerdings ist das Wissen um die wichtigsten Barrieren für die Praxis sehr hilfreich, die da bspw. sind:

- sehr hohe und sehr geringe Motivation
- hohe Statusunterschiede der Beteiligten bei Methoden, in denen spontane Äußerungen erwünscht sind (z. B. Brainstorming)
- Anpassungszwang durch gesellschaftliche und unternehmensinterne Normen und Werte
- Unter- und Überfütterung mit Information
- autoritärer Führungsstil sowie strenge und häufige Fremdkontrollen
- ungesunder Stress

Auch die Förderung von Kreativität ist ein komplexes und je nach Situation flexibel anzupassendes Zusammenspiel mit folgenden Erfolgsfaktoren:

- die gezielte Auswahl von Problemlösungsakteuren
- der Einsatz der passenden Kreativitätstechnik
- eine kreativitätsfördernde Arbeitsklimagestaltung
- weitere organisatorische Maßnahmen wie Schulungen
- oder Anpassung des Führungsstils der Vorgesetzten

8.5 CHECK-IN-GATE: ERSTER QUICK-CHECK DER GENERIERTEN IDEEN

Die erste grobe Evaluierung der generierten oder gesammelten Ideen durch das Team ist ein erster wichtiger Entscheidungspunkt im Modell. An diesem Gate wird, als Analogie zum Flughafen, entschieden, ob die Idee in den weiteren Innovationsprozess einchecken darf und welchen der Pfade für Innovationsprojekte (inkrementell, progressiv, radikal oder Sonderprojekt) die Idee gehen soll.

Die Entscheidung sollte anhand eines vordefinierten, klaren, aber pragmatisch einfachen Kriterienkatalogs getroffen werden und basiert auf dem aktuellen Wissensstand, der Erfahrung der Teilnehmer sowie oftmals auch ganz bewusst auf ihrem „Bauchgefühl". In der pragmatischsten Form kann aus den beiden Kriterien „Innovationspotenzial einer Idee" und „Realisierungsaufwand" ein Entscheidungsportfolio entstehen, welches eine erste und schnelle Bewertung zulässt.

Da an diesem Punkt entschieden werden muss, in welche Innovationsklasse und damit in welchen weiteren Pfad im Prozessverlauf die Idee eincheckt, können bspw. zusätzlich noch Projektgröße und Risiko bewertet werden. Um sich mit den Teilnehmern des Bewertungsablaufs auf eine „halbwegs einheitliche" Sicht der Achsenbeurteilung zu verständigen, empfiehlt sich eine Indikatoren-Liste.

```
                    INNOVATIONSPOTENZIAL
            ┌──────────────────┬──────────────────┐
            │   PROGRESSIVE/   │   INKREMENTELLE  │
            │   RADIKALE IDEE  │    INNOVATION    │
    HOCH    │        =         │        =         │
            │ GELBER/ROTER PFAD│   BLAUER PFAD    │
            ├──────────────────┼──────────────────┤
            │                  │    IDEENPOOL,    │
            │    PAPIERKORB    │   FÜR SPÄTERE    │
  NIEDRIG   │                  │   VERWENDUNG?    │
            └──────────────────┴──────────────────┘
                   HOCH              NIEDRIG       REALISIERUNGSAUFWAND
```

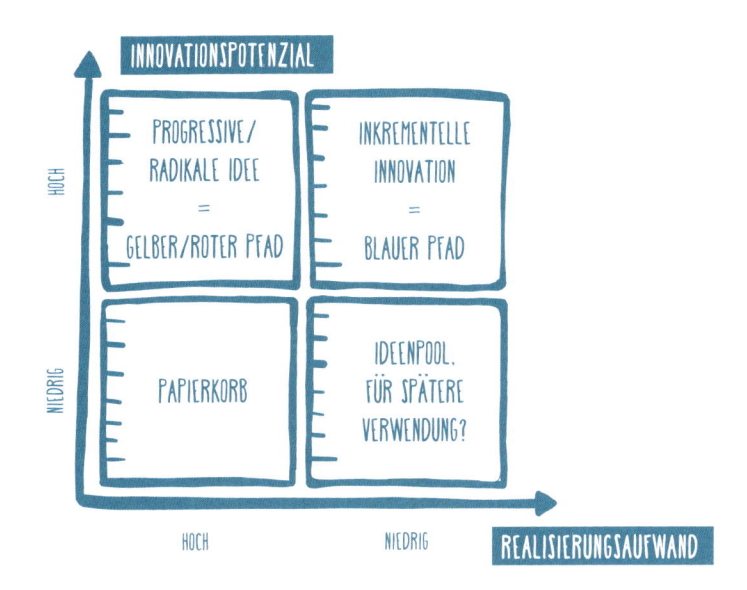

REALISIERUNGSAUFWAND

Ein niedriger Realisierungsaufwand könnte z. B. bedeuten:

- weniger als „x" Personentage Aufwand in der Umsetzung
- kann in „weniger als x" Monaten realisiert werden
- Know-how zu dem Thema ist im Haus vorhanden
- keine externen Partner nötig
- lässt sich auf den eigenen Maschinen ohne viele Umbauten leicht herstellen
- lässt sich über vorhandene Vertriebskanäle leicht vertreiben
- Investment kleiner „x" T€
- im bestehenden Budget abgebildet
- nicht genehmigungspflichtig
- in der eigenen Abteilung realisierbar
- etc.

Hohes Innovationspotenzial könnte z. B. bedeuten:

- **Alleinstellungsmerkmal am Markt/USP**
- **für Kunden oder uns wichtiger Lösungsansatz – löst ein zentrales Kundenproblem/hilft deutlich bei der Zielerreichung**
- **trifft auf wichtigen Kundentrend/Markttrend**
- **Patentierung/Schutz erscheint möglich und sinnvoll**
- **etc.**

Nach der Ideengenerierung stellt der Moderator in diesem Check-In-Gate die einzelnen Ideen (z. B. in Form eines großen Post-its) dem anwesenden Team vor und bittet den jeweiligen Ideenschreiber um ergänzende Erklärungen: Was ist konkret gemeint, was ist gut an der Idee etc?

Die Teilnehmer können zur Idee Fragen stellen, ihre Sichtweise einbringen und die Idee gegebenenfalls ergänzen. Passend zu der Idee können noch neue Inputs gegeben werden. Danach werden beide Achsenpositionen der Idee abgestimmt und die Idee ordnet sich in eines der vier Felder ein. Ähnliche oder zusammenhängende Ideen in einem Quadranten sollten zusammengefasst und als Cluster prägnant benannt werden.

Je nach Beurteilung durch das Team ergeben sich dann die folgenden Positionierungen:

PROGRESSIVE ODER RADIKALE IDEE

Also eine Idee mit viel Potenzial, aber mit einigem oder unbekanntem Realisierungsaufwand und wahrscheinlich hohem Risiko. Diese Idee muss detaillierter ausgearbeitet werden und dann im nächsten Gate (Pitch-Gate) neu und auf Basis eines höheren Informationsstandes bewertet werden.

INKREMENTELLE IDEE

Also grundsätzlich gute Idee und leicht umsetzbar. Diese Idee sollte gleich weiterverfolgt werden und kann meist über den blauen Pfad des Modells abgearbeitet werden.

IDEENPOOL

In den Ideenpool, da diese Idee zwar niedriges Potenzial vermuten lässt, aber auch nicht aufwendig ist. Eventuell kann diese Idee später verwendet werden oder „gratis" gemeinsam mit einer potenteren Idee umgesetzt werden.

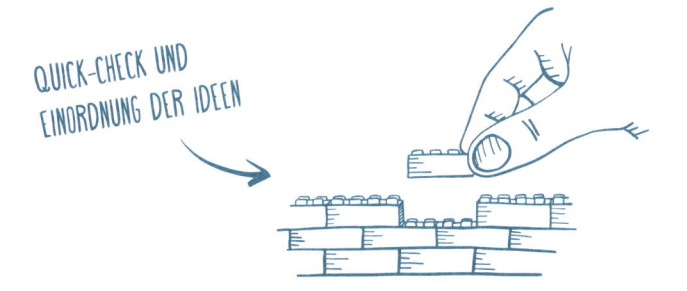

PAPIERKORB

In den Papierkorb, da die Idee weder Potenzial bietet noch leicht umsetzbar ist.

QUICK-CHECK UND EINORDNUNG DER IDEEN

8.6 DIE DREI PFADE DER UMSETZUNG

Das Ziel aller drei Innovationspfade ist die möglichst risikoadäquate Umsetzung potenziell interessanter Innovationsansätze in ein marktfähiges Angebot und hoffentlich erfolgreiches Ergebnis.

Die Anzahl der Gates und Stages in einem Pfad ist dem Risiko und Aufwand der jeweiligen Innovationsidee angepasst, um einerseits das Risiko beherrschbar zu machen und andererseits einen etwaigen Schaden im Falle des Scheiterns oder Abbruchs klein zu halten. Wichtig (gerade für Praktiker) ist anzumerken, dass in jedem der drei Pfade klar definierte Entscheidungspunkte die Möglichkeit bieten, das Innovationsvorhaben abzubrechen. So kann, beispielsweise nach einem unbefriedigenden Kundentest, gegen eine Markteinführung entschieden werden. Diese Entscheidungspunkte vermindern somit das Risiko eines Innovationsvorhabens, lassen aber den Prozess offen genug, um auch ungewöhnliche Ideen im geschützten Rahmen zu testen, ehe diese am Markt eingeführt werden. Je radikaler die Idee, desto mehr dieser Stop-/Go-Entscheidungsgates sind in dem entsprechenden Pfad vorhanden. Am Ende jedes Pfades steht dann die Markteinführung bzw. Realisierung der Idee in Form von z. B. einem Produkt, einer Herstellungstechnologie oder einer Dienstleistung.

Die drei Innovationsklassen inkrementell, progressiv und radikal wurden bereits unterschieden. Im Folgenden soll beleuchtet werden, was diese Unterscheidung für die Umsetzung von Innovationsvorhaben bedeutet. Sonderprojekte oder disruptive Innovationen werden an dieser Stelle außer Acht gelassen, da für diese Form der Innovationen die weitere Vorgehensweise oft individuell diskutiert werden muss. Unter disruptiven Innovationen sind, wie erwähnt, Ideen zu verstehen, die den Erläuterungen nach Christensen folgen oder die die Kompetenzen und Ressourcen des eigenen Unternehmens weit übersteigen und daher nur in einem größeren Kontext bearbeitet werden können, beispielsweise durch Hinzuziehen einer übergeordneten Holdingorganisation oder auch nur durch externe Partner. Oftmals ist es unter Umständen auch besser, eine gute Idee eher an geeignete Partner zu lizensieren als diese selber umzusetzen.

8.6.1 | **BLAUER PFAD**
INKREMENTELLE INNOVATIONEN (VIELFACH)

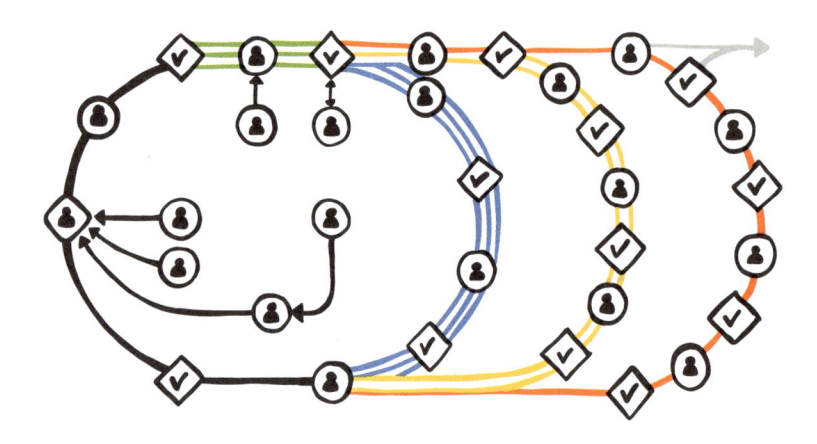

Inkrementelle Innovationen sind überschaubare Anpassungen im kleinen Umfang, die weder Markt noch Unternehmen grundlegend verändern, aber trotzdem zu einem (kleinen) Wettbewerbsvorteil für Unternehmen und/oder Kunden führen. Inkrementelle Innovationen bewegen sich meistens in den jeweiligen Fach- und Know-how-Gebieten der Abteilung, also im oder nahe am Daily Business, wo ohne viel Aufsehen und ohne aufwendige Prozesse innoviert werden soll.

Hier gilt es, größtmögliche Pragmatik im Prozess zu zeigen, um gerade gestandenen Praktikern nicht das Gefühl zu geben, zukünftig jede kleine Idee mit viel Aufwand administrieren zu müssen, d. h., keine Angst bei kleinen Ideen zu erzeugen. Diese können nach den jeweiligen Regeln des

Unternehmens bzw. der Abteilung abgewickelt werden. Diese Innovationen finden im Rahmen aktueller oder verwandter Kompetenzen des Unternehmens statt sowie in Märkten, die für das Unternehmen bekannt oder zu diesen nahe verwandt sind. Es geht primär um eine höhere Marktpenetration oder auch um eine geringfügige Erweiterung von Märkten oder Produktpaletten, die durch den blauen Pfad erreicht werden können.

Der Pfad der inkrementellen Innovation wird meistens als kleines Projekt im Daily Business realisiert, in das die Unternehmensleitung nicht oder nur rudimentär involviert wird, sieht man einmal eventuell vom Entscheidungspunkt ab, an dem über die Realisierung oder Markteinführung abgestimmt wird, die dann auch sofort nach diesem Gate umgesetzt wird.

WAS IST EIN ELEVATOR PITCH?

Der Elevator Pitch war ursprünglich eine Idee amerikanischer Vertriebler mit dem Ziel, Kunden und Chefs während der Dauer einer Aufzugfahrt von ihrer Idee zu überzeugen. Weil die selten länger als 60 Sekunden dauerte, mussten alle relevanten Informationen in dieses Zeitfenster passen: Kurzvorstellung, Begeisterung für das Projekt wecken und den Auftrag an Land ziehen oder den vielbeschäftigten Chef überzeugen. Die Idee war nach kurzer Zeit schon so erfolgreich, dass der Elevator Pitch zum geflügelten Wort wurde und bis heute verwendet wird.

WAS ABER TUN BEI IDEEN MIT HOHEM POTENZIAL, ABER AUCH HOHEM RISIKO UND KOSTEN?

Ideen, die aus dem Check-In-Gate als vielversprechend, aber mit höherem Investment und Risiko klassifiziert wurden, müssen aufbereitet und konkretisiert werden, um die Entscheider bzw. das Gremium im nächsten Gate – dem Pitch-Gate – zu überzeugen. Das Gate trägt diesen Namen, weil dort – ähnlich einem Elevator Pitch – ein Gremium in einer kurzen Präsentation von einer Idee überzeugt werden muss, um den weiteren Pfad bzw. die nächsten Schritte für die Idee freizugeben. Man muss also einer kleinen Gruppe von Entscheidern diese Projektidee „verkaufen", um die nötigen Ressourcen für die weiteren Schritte zu erhalten. Um möglichst gut auf dieses Pitch-Gate vorbereitet zu sein, ohne daraus gleich eine Doktorarbeit zu machen, empfiehlt sich die Beschäftigung mit den wesentlichen Fragen für Entscheider gemäß der im Pitch-Gate geltenden Entscheidungskriterien. Die dort oftmals verwendeten Attraktivitäts- und Risikokriterien des Portfolios sind eine zielführende Vorbereitungsgrundlage für die Entscheidung. Im eigentlichen Pitch-Gate entscheidet ein Gremium aus verschiedenen Entscheidern (meistens die Geschäftsführung bzw. die erweiterte Geschäftsleitung) über die Idee und deren weitere Verfolgung. In der Praxis hat sich, wie bereits erwähnt, eine Entscheidungsfindung auf Basis eines Portfolios mit den Achsen „Attraktivität der Idee" und „Risiko der Idee" als pragmatischer Weg bewährt. Die beiden Achsen bestehen aus unterschiedlichen firmenspezifischen Subkriterien, die zueinander gewichtet werden sollten, da ja nicht alle gleich wichtig sind. Nachfolgend sind als Beispiel Subkriterien samt einer firmenspezifischen Gewichtung angeführt:

ATTRAKTIVITÄTSKRITERIEN

Kundennutzen/Nutzen allgemein/Wettbewerbsvorteil	16,7 %
Innovationsvorsprung/-absicherung	5,6 %
Marktentwicklung allgemein	7,8 %
Umsatzerwartung bzw. absolute Kosteneinsparung	14,4 %
Deckungsbeitragserwartung (DB 1)	16,6 %
Cross-Selling/Portfolioerweiterung	2,2 %
Zukunftspotenzial und Kompetenzen	6,7 %
Process fit werksintern: Verarbeitung, Produktion, Lagerung	14,4 %
Process fit werksextern: Beschaffung, Supply Chain, Logistik, Vertrieb	15,6 %

RISIKOKRITERIEN

Markteintrittsrisiko (in Bezug auf die Branche)	14,3 %
Kundenakzeptanzrisiko (in Bezug auf den Endkunden)	19,6 %
Entwicklungsrisiko	8,9 %
Realisierungsrisiko werksintern: Verarbeitung, Produktion, Lagerung	7,1 %
Realisierungsrisiko werksextern: Supply Chain, Logistik, Vertrieb	8,9 %
Rohmaterialrisiko	25,0 %
Rechtsrisiko	16,2 %

BEISPIEL DES PORTFOLIOS FÜR
DAS PITCH-GATE ↘

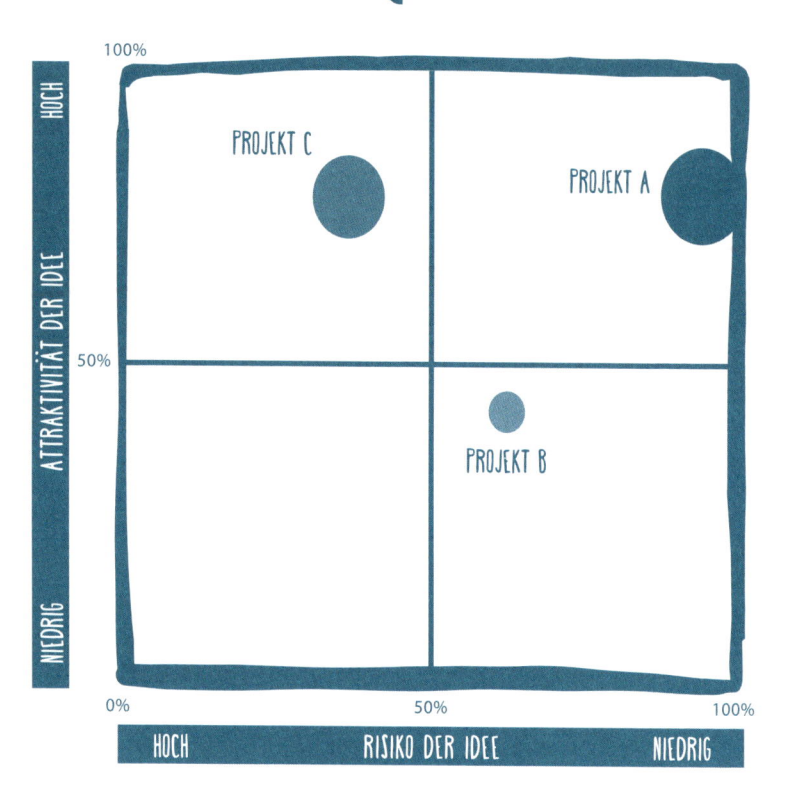

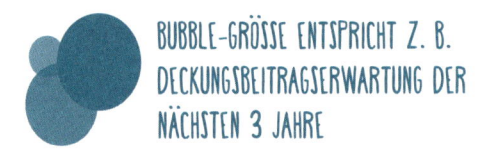

ATTRAKTIVITÄT DER IDEE (HOCH → NIEDRIG)

- 100%
- PROJEKT C
- PROJEKT A
- 50%
- PROJEKT B
- 0% 50% 100%

RISIKO DER IDEE (HOCH → NIEDRIG)

BUBBLE-GRÖSSE ENTSPRICHT Z. B. DECKUNGSBEITRAGSERWARTUNG DER NÄCHSTEN 3 JAHRE

90 DAS BIG PICTURE™-INNOVATIONSMODELL

Als Kriterien für die Bubble-Größe im Portfolio eignen sich zum Beispiel grob geschätzte Umsatz- oder Deckungsbeitragserwartung. So können unterschiedliche Projektideen bewertet und die Entscheidungsfindung plakativ unterstützt werden.

Es empfiehlt sich, bei diesem Portfolio die Weiterverfolgung von Ideen mit hoher Attraktivität und niedrigem Risiko (im Portfolio rechts oben) grundsätzlich über den gelben Pfad (außer bei gewisse Grenzen überschreitendem Projektvolumen) und die mit hoher Attraktivität, aber auch hohem Risiko (im Portfolio links oben) grundsätzlich über den roten Pfad zu verfolgen. Berücksichtigt werden muss natürlich die Ressourcensituation und -verfügbarkeit im Unternehmen, was zu einer Priorisierung der Projekte führt.

Außerdem muss entschieden werden, welche Projekte den grauen Pfad für Sonderprojekte, z. B. in Richtung Holding oder anderer Umsetzungsvarianten, nehmen. Ideen in anderen Quadranten des Portfolios sollten eher verworfen werden.

8.6.2 GELBER PFAD
PROGRESSIVE INNOVATION

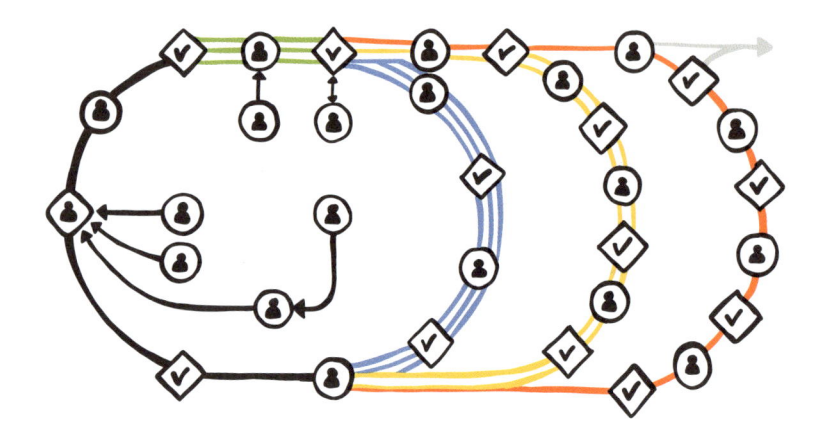

Mit progressiven Innovationen betritt das Unternehmen eventuell bereits Neuland, sowohl in Bezug auf den Markt, aber gegebenenfalls auch in Bezug auf Produkte, Technologien oder Dienstleistungen. Neue Märkte werden evtl. mit bestehenden Produkten im Sinne einer Anwendungsinnovation erschlossen und bestehende Märkte mit neu entwickelten Produkten oder Technologien bedient (ANSOFF-Matrix). Das Innovationsvorhaben ist also deutlich riskanter und umfangreicher als bei inkrementellen Innovationen, aber noch immer überschaubar. Diese Innovation ist also nicht mehr reines Daily Business.

Als Mittelweg zwischen inkrementeller und radikaler Innovation ist dieser Pfad sehr individuell (vor allem bzgl. Umsetzungsaufwand) von den Unternehmen zu gestalten. Übersteigt ein Innovationsprojekt jenen Umfang, der für die inkrementelle Innovation definiert ist, wird durch einen Konkretisierungsschritt die Idee detaillierter ausgearbeitet und in einer zweiten Evaluierung (Pitch-Gate) festgelegt, ob das Projekt auch bei genauerer Betrachtung und nun höherem Informationsstand immer noch vielversprechend ist und welcher weitere Weg beschritten werden soll. In der Regel handelt es sich bei progressiven Innovationsvorhaben um solche, die zwar vom Umfang her größer sind, aber noch nicht das volle Beisein der gesamten Unternehmensleitung erfordern. Die ersten erfolgreichen Einsätze des BIG Picture™ in der Praxis haben gezeigt, dass die kontinuierliche Teilnahme eines Mitglieds der Unternehmensleitung in den einzelnen Gates des gelben Pfades ausreichend sein kann. Im Idealfall sollte es jenes Mitglied sein, in dessen Verantwortungsbereich das Thema grundsätzlich fällt.

Die Festlegung des Inhalts und der Tools in den einzelnen Gates des gelben Pfades sowie die Zusammensetzung der Entscheider-Teams, aber auch der konkrete Arbeitsumfang in den Stages variiert im Hinblick auf Unternehmensgröße, -kultur und -branche erheblich und wird in einer unternehmensindividuellen Konzeption des Modells festgelegt. Dieser Pfad läuft im Unternehmen mehrfach ab, also z. B. je Business Unit. Da der Umfang der einzelnen Projekte im Pfad der progressiven Innovation bereits größer ist und daher auch höheres Risiko zu erwarten ist, erweist sich die Erstellung eines einfachen Business Case als ersten Schritt für sinnvoll. Dieser „Business Case light" sollte aber mit überschaubarem Aufwand realisiert werden können, um wiederum den Praktikern die Angst vor Überbürokratisierung zu nehmen. Dieser gelbe Pfad ist also ebenfalls durch bewussten Praxispragmatismus geprägt. Basierend auf den Ergebnissen einer ersten Verifizierung der Idee – gemeinsam mit dem „Business Case Light" und den nötigen Anpassungen und der (Weiter-)Entwicklung der Angebote – wird im darauffolgenden sogenannten **Maturity-Gate** über den nächsten Schritt der Verkaufs- und Umsetzungsvorbereitung entschieden. Der Name Maturity-Gate deutet an, dass hier darüber befunden werden soll, ob der Reifegrad der Idee hinsichtlich aller nötigen Umsetzungsschritte und -bedingungen schon so weit ist, dass das Projekt nur mehr in Verkauf, Marketing und/oder Umsetzung gestartet werden muss. Dabei ist zu beachten, dass die Akzeptanz neuer Produkte, Technologien und Dienstleistungen erfahrungsgemäß unternehmensintern stark davon abhängt, wie die betroffenen Menschen oder Abteilungen in den Entstehungs- und Entwicklungsprozess einbezogen wurden. Daher ist es wichtig, dass speziell die Vertriebs- und Marketingabteilung bereits vor der Entscheidung über die Markteinführung eingebunden und in die nötigen Prozessschritte einbezogen wird. Die Einbeziehung einzelner Sales- und Marketingmitglieder in die Entscheidungsfindung und die Zuweisung von Arbeitspaketen sollte sorgfältig geplant werden. Auf der einen Seite wollen Sales-Mitarbeiter beim Kontakt mit den Kunden möglichst früh erzählen können, was demnächst auf den Markt kommen soll. Das ist auch wichtig und aufschlussreich, um schon vorab Reaktionen auf die geplante Innovation zu bekommen. Dieses Ankündigen erhöht aber sehr oft den Druck (bei positiven Reaktionen umso mehr), möglichst bald, und dann unter Umständen verfrüht, mit unausgereiften Produkten auf den Markt zu gehen. An dieser Stelle sind auch etwaige Probleme mit Schutzrechten oder der Weitergabe sensibler Informationen an Mitbewerber durch Kunden zu erwähnen. Zu beachten ist auch, dass Sales-Mitarbeiter zwar Innovationen für ihre Kunden wünschen und diese auch vehement einfordern. Jedoch erweisen sich in der Regel nur jene Dinge im Verkauf als erfolgreich bzw. erwünscht, die keinerlei oder wenig Verhaltens- oder Ablaufänderungen in der eigenen Tätigkeit der Sales-Mitarbeiter erfordern. Gewünscht sind also oftmals Innovationen, die sich quasi „von alleine verkaufen".

Erfordert die potenzielle Innovation hingegen starke Veränderung und Anpassungen im Verkauf, so kann es zu einem gewissen Unmut und „Verkaufsunlust" gegenüber der potenziellen Innovation kommen. Daher ist bei progressiver (hier nur angedeutet) und radikaler (als eigener wichtiger Stage) Innovation ein entsprechender Schritt vorgesehen (Verkaufs- und Umsetzungsvorbereitung). In diesem wird je nach Kultur und betrieblicher Gegebenheit im betroffenen Unternehmen das Innovationsvorhaben in die Arbeit der Vertriebsabteilung eingegliedert und diese auf die Innovation vorbereitet bzw. überhaupt ein neuer Vertriebs- und Marketingkanal aufgebaut. Nach Umsetzungs- und Verkaufsvorbereitung fällt schließlich im Go-Live-Gate die finale Entscheidung über die Umsetzung oder Markteinführung, wenn klar ist, dass alle nötigen Schritte dazu gemacht wurden und quasi nur mehr der Schalter umgelegt werden muss.

8.6.3 ROTER PFAD
RADIKALE INNOVATION

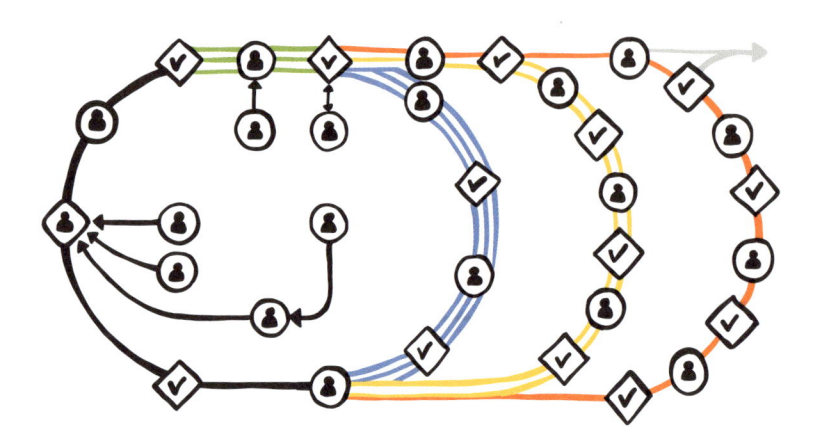

Radikale Innovationen sind mit sehr hohem Risiko und hohem Investment verbunden und haben aus Unternehmenssicht stark verändernten Charakter. Der rote Pfad, der den Weg der radikalen Innovationen im Modell beschreibt, sieht daher entsprechend viele Entscheidungs-Gates zur Risiko- und Verlustminimierung und eine intensive Integration der gesamten Unternehmensleitung sowie wichtiger anderer Führungskräfte vor, da in der Regel signifikante Veränderungen für das Unternehmen zu erwarten sind.

Aufgrund der weitreichenden Auswirkungen ist hier ggf. bei manchen Schritten auch die Integration von bzw. die Abstimmung mit den Eigentümern sinnvoll. Sowohl bei progressiven als auch bei radikalen Innovationen empfiehlt es sich, die Gates beginnend vom Pitch-Gate bis zum Go-Live-Gate zeitlich gesehen als eine Art „Projektbahnhof" zu definieren, bei dem zu fix festgelegten Zeitpunkten (z. B. fix alle 3 Monate) über die Weiterleitung von Innovationsvorhaben in die jeweils nächsten Stages abgestimmt wird.

Während im blauen Pfad rein abteilungsintern (im gelben Pfad auch noch in Abstimmung mit ausgewählten Verantwortungsträgern) laufend oder anlassbezogen Entscheidungen getroffen werden und hier die jeweilige Abteilung die Gates definiert, empfiehlt es sich, dass bei radikalen Innovationsvorhaben fix festgelegte Gremien zu klar bestimmten Zeiten über diese umfangreicheren Vorhaben entscheiden. In vielen Unternehmen werden aus pragmatischen Gründen die Gates des roten Pfades zusammengefasst, mit den gleichen Entscheidern besetzt sein und in einem Meeting zeitlich hintereinander stattfinden. Die Mitglieder arbeiten die Projekte dann mit den entsprechend festgelegten Entscheidungswerkzeugen und gemäß ihres aktuellen Standes im Pfad nach einer Agenda ab, welche die unterschiedlichen Gates abbildet.

Im roten Pfad steht, wie schon bei der progressiven Innovation (gelber Pfad), zu Beginn die Erstellung eines Business Case, der analog zum größeren Risikoumfang detaillierter und umfassender ist. Anhand dieses Business Case wird dann im Investment-Gate (so benannt, weil ab dann von einem Projekt als konkretem Vorhaben gesprochen werden kann) über den Start von Entwicklung, Tests und Validierung etc. entschieden (oder aber die Idee wird verworfen bzw. in einen der anderen Pfade neu eingereiht).

NOTIZEN

BUSINESS CASE

Der Business Case enthält die Begründung für den Start eines Projekts oder einer speziellen Aufgabe. Dieser wird in einem gut strukturierten schriftlichen Dokument präsentiert, kann aber auch manchmal in der Form einer kurzen verbalen Argumentation oder einer Präsentation dargestellt werden. Die Logik des Business Case erläutert, dass immer dann, wenn Ressourcen wie Geld oder Zeit verzehrt werden, dies zum Zweck einer spezifischen Geschäftsanforderung geschieht. Die Ausgestaltung des Business Case ist dabei von der dahinterliegenden Innovationsklasse abhängig. Dies ermöglicht eine fokussierte und verständliche Darstellung und etabliert eine erste Kommunikationsgrundlage.

Nachfolgend ist eine mögliche Checkliste für einen Business Case für eine Produktinnovation dargestellt. Die konkreten Fragen bzw. Themen müssen an die jeweilige Innovationsart angepasst werden. Die hier angeführten Punkte sind nur exemplarisch zu verstehen.

1. MANAGEMENT SUMMARY

Kurze Zusammenfassung und Überblick auf einer Seite inkl. der zu treffenden Entscheidungen und idealerweise Aufzeigen der Auswirkungen auf das Geschäftsmodell (evtl. in Form der Business Model Canvas nach Osterwalder)

2. WARUM IST DAS THEMA WICHTIG: DIE BEDARFSBESCHREIBUNG UND MARKTANALYSE

- Beschreiben Sie die Kundengruppe bzw. den Markt.
- Beschreiben Sie den konkreten Bedarf und die Hintergründe des Bedarfs.
- Schätzen Sie das Marktpotenzial und die Marktentwicklung ein.
- Analysieren Sie das Marktumfeld.
- Skizzieren Sie die Konsequenzen, wenn die Situation bestehen bleibt.
- Was sind die kritischen Erfolgsfaktoren?

3. WIE WOLLEN WIR DAS THEMA LÖSEN: DER LÖSUNGSANSATZ UND GEGEBENENFALLS ALTERNATIVEN

- Skizzieren Sie die verschiedenen Lösungsoptionen und stellen Sie Vor- und Nachteile dar.
- Wie trägt der Lösungsansatz zur Unternehmensstrategie und den Unternehmenszielen bei?
- Stellen Sie monetäre Vorteile und nicht-monetäre Vorteile (Soft Benefits) dar.
- Wie positioniert und differenziert man sich?
- Skizzieren Sie kurz-, mittel- und langfristige Lösungsoptionen.
- Skizzieren Sie die bevorzugte Lösung im Detail.
- Prüfen Sie, innerhalb welchen Zeitrahmens ein Projekt gestartet werden kann.

4. WAS IST DER OUTPUT, WAS MUSS INVESTIERT WERDEN: SEGMENTRECHNUNG DER LÖSUNGSOPTIONEN

- Absatzplan für 3 Jahre (Menge/Umsatz)
- Produktkalkulation
- Ergebnisbeitrag
- Marketingbudget
- Investitionskosten
- Stellen Sie mögliche Risiken dar und schreiben Sie, wie damit umgegangen werden soll bzw. wie diese vermieden werden können.

5. WIE WIRD DAS PROJEKT GESTARTET: PROJEKTBESCHREIBUNG

- Beschreiben Sie den Projektplan.
- Welche Ressourcen und Budgets sind für die Durchführung des Projektes erforderlich?
- Skizzieren Sie den Projekt-Zeitplan inkl. Phasen, Projekt-Milestones und messbarer Ziele im Detail inkl. Abstimmung mit den roten Pfad-Gates.
- Von welchen internen und externen Faktoren hängt eine erfolgreiche Durchführung des Projektes ab? (Voraussetzungen)
- Definieren Sie die kritischen Erfolgsfaktoren für das Projekt und deren Messbarkeit.
- Projektorganisation mit internen und externen Beteiligten und Stakeholdern
- involvierte Personen insb. Projektleiter und Projektteam

8.7 GO LIVE & ERFOLGSKONTROLLPHASE

Mit dem **Go-Live-Gate** wird die Freigabe zur endgültigen Realisierung des Projekts gegeben und die potenzielle Innovation z. B. als neues Angebot auf den Markt gebracht. Die Produktion startet, das Marketing beginnt, der Vertrieb beginnt, das Angebot den Kunden anzubieten etc., und hoffentlich wird alles ein großer Erfolg, die Kunden sind begeistert und der gewünschte Erfolg stellt sich ein. Während das Go-Live-Gate beim roten und evtl. auch beim gelben Pfad gut überlegt werden muss und ein Projekt dieses Gate erst passieren sollte, wenn wirklich alle „Hausaufgaben" (insbesondere die Vorbereitung des Vertriebs oder die Gestaltung eines neuen Vertriebskanals bei roten Projekten) gemacht sind, kann dieses Gate im blauen Pfad sehr pragmatisch angegangen werden. Oftmals ist dieser Schritt dort nur mehr eine Formalität, weil ohnehin alles in einer Hand lag, das Risiko klein und die Umsetzung nur mehr ein Leichtes ist.

Bei gelben, aber insbesondere bei roten Projekten empfiehlt sich ein projektbezogenes Review, bei welchem das Projekt einer kritischen Reflexion (insbesonders der Ziel-, Zeit- und Budgeterreichung) unterzogen werden sollte. Als äußerst empfehlenswert und hilfreich hat es sich erwiesen, wenn über die gesamte Projektdauer und über alle Gates, spätestens beim Investmentgate beginnend bis zum Projekt-Review-Gate, eine Person als Projektverantwortlicher agieren konnte. Somit wird dem „Über-die-Mauer-werfen" von Projekten durch Teilverantwortliche (z. B. Entwicklungsleiter für die Phase vom Investment-Gate bis zum Maturity-Gate oder z. B. Produktionsleiter für die Phase vom Maturity-Gate bis zum Go-Live-Gate) und dem anschließenden „Ich bin für die Zielverfehlung nicht verantwortlich, weil..." ein Riegel vorgeschoben. Im Projekt-Review-Gate werden die Lessons Learned für zukünftige Projekte ermittelt und im Idealfall der Projektverantwortliche entlastet. Wann dieses Gate stattfinden soll und welche Ziele dort überprüft werden sollen, wird meist schon im Business Case festgelegt. Empfehlenswert erscheint es, das Gate nicht gleich nach der Markteinführung und die Ziele nicht einfach nur mit der Erfüllung von Spezifikationen, Zeiten und Projektbudgets festzulegen. Vielmehr sollten Innovationsziele überprüft werden, d. h., es sollten z. B. erzielte Umsätze etc. überprüft werden. Im Idealfall wird der Projektverantwortliche entlastet, wenn die Projektidee zur echten, monetären Innovation wurde – der Break-even also überschritten wurde.

Nach oder während der Umsetzung wird die potenzielle Innovation irgendwann in das Linienmanagement übergeben – im Modell angedeutet als Life-Cycle-Management. Es übernimmt also z. B. das Produktmanagement (sofern nicht ohnehin schon für das gesamte Projekt ab dem Investment-Gate verantwortlich) das neue Produkt. Dort wird dann gemäß den normalen Regeln des Produktmanagements agiert und das Produkt gepflegt.

Der Kreislauf im Modell wird durch die Verbindung zum BIG-Review-Gate geschlossen. Das bedeutet, hier wird wieder kritisch der Lebenszyklus der Produkte, Technologien und Prozesse reflektiert, die Zielerreichung und Ausrichtung der vorangegangenen Innovationsstrategie überprüft und daraus wiederum neuer Innovationsbedarf abgeleitet – der Innovationskreislauf des BIG Picture™ startet von Neuem.

Erwähnt werden soll, dass in diesem Gate noch eine weitere Aufgabe erledigt werden sollte. Auch das firmenindividuelle BIG Picture™ sollte regelmäßig kritisch reflektiert und überprüft werden. Es empfiehlt sich dabei u. a. auf folgende Dinge zu blicken:

- Haben die einzelnen Schritte funktioniert? (z. B. Erarbeitung einer Innovationsstrategie)
- Brauchen wir zusätzliche Schritte oder können welche entfallen?
- Passen die zeitlichen Abläufe im Modell und das Timing der einzelnen Gates?
- Sind die einzelnen Schritte und Gates personell richtig besetzt?
- Funktionieren die ausgewählten Methoden und Werkzeuge? (z. B. Entscheidungsfindung)
- Passen die Entscheidungskriterien und deren Gewichtungen?
- Sind Vorgaben und Ergebnisse einzelner Schritte ausreichend? (z. B. Business Case)
- Werden Projekte hinsichtlich Laufzeiten, Budgets etc. gut geplant und auch eingehalten?
- Was zeigen die Ergebnisse der Projekte auf dem gelben und roten Pfad hinsichtlich Lessons Learned?
- Sind die Erwartungen in den Business Cases z. B. hinsichtlich Umsätzen oder Break-even gut geplant worden?
- Wo gibt es Probleme hinsichtlich der Arbeit mit dem Modell?
- usw.

Aus der Diskussion und kritischen Reflexion sollen Optimierungen für die weitere Arbeit mit dem BIG Picture™ ermittelt werden, welche in einer adaptierten, firmenindividuellen Version münden sollen. Somit wird das BIG Picture™ der Firma regelmäßig optimiert bzw. den neuen Entwicklungen angepasst.

NOTIZEN

> **TREU DEM** GUTEN ALTEN, ABER DARUM **NICHT MINDER EMPFÄNGLICH** FÜR DAS GUTE NEUE.

ERZHERZOG JOHANN VON ÖSTERREICH
GROSSER STEIRISCHER INNOVATOR DES 19. JAHRHUNDERTS

09
ERFAHRUNGSBERICHT

9.0 ERFAHRUNGSBERICHT
KLEINE ZEITUNG

STECKBRIEF

NAME: MAG. THOMAS SPANN

FUNKTION: GESCHÄFTSFÜHRER DER KLEINEN ZEITUNG

Mag. Thomas Spann ist studierter Betriebswirt und stammt aus einer südoststeirischen Unternehmerfamilie. Er war vor seiner Funktion als Geschäftsführer der Kleinen Zeitung als Direktor der Wirtschaftskammer Steiermark, für das WIFI Steiermark, die Messe Graz sowie den steirischen Wirtschaftsbund tätig. Er ist verheiratet und Vater einer Tochter.

Als Medienunternehmen und Marke liegt der Kleinen Zeitung das Thema Innovation bereits seit den Gründungstagen im Blut. Im Gründungsjahr 1904 waren Zeitungen noch das Privileg einer kleinen, gut betuchten Schicht, und schon damals hat die Kleine Zeitung die Regeln dieses elitären Systems durchbrochen. Dieser Rolle sind wir treu geblieben – mit Leidenschaft für Land und Leute, einer großen Bandbreite der Berichterstattung – wie zum Beispiel unser wöchentlicher Schwerpunkt „Primus" für Wirtschaftstreibende – und einer unerreichten Regionalisierung.

Wie viele andere Branchen auch ist die Medienwelt mit den Herausforderungen und Möglichkeiten der Digitalisierung konfrontiert und entwickelt sich aktuell sehr dynamisch. Verbunden mit dem ureigenen Streben nach Innovation waren wir daher auf der Suche nach einem gesamtheitlichen Innovationsmodell für unser Unternehmen. Und zwar einem, welches das Thema Innovation nicht als Projekt oder als die Sache weniger MitarbeiterInnen betrachtet. Mit dem BIG Picture™ haben wir ein Modell gefunden, das diese Sichtweise ideal unterstützt. Ebenfalls hat uns die kooperative Herangehensweise und die Möglichkeit zum wissenschaftlichen Diskurs mit dem Team vom Innovationsmanagement ein maßgeschneidertes Anpassen der Prozessdetails an interne Gegebenheiten ermöglicht. Im Ablauf ist vor allem der zyklische Ansatz des BIG Picture™ hervorzuheben. Anstatt einen weiteren separaten Prozess oder ein abgekapseltes Modell ins Unternehmen zu bringen, verknüpft es vielmehr alle Unternehmensbereiche rund um das Thema Innovation.

Inhaltlich geht das BIG Picture™ unserer Erfahrung nach einen Schritt weiter als viele Innovationsmodelle. Die Arbeit an der Innovation beginnt schon auf der strategischen Ebene, rund um die Innovationslücke. Vision und Strategie werden konsequent in Zukunftsthemen für das Unternehmen verwandelt. Ergänzt um einen offenen Innovationsansatz, wird somit ein guter Nährboden für Innovationsprojekte geschaffen. Die Entwicklung der zukünftigen Innovationen in Phasen bringt uns dabei Freiheiten in der Prototypenphase und Sicherheit in der Umsetzungsphase. Mit dem BIG Picture™ haben wir den Bereich Innovation und Entwicklung im Unternehmen ganz klar weiterentwickelt und gestärkt. Somit bleiben wir auch in Zukunft unserem Motto treu: „Mit der Kleinen Zeitung ist man am Puls der Zeit."

> **WER DEN** HAFEN NICHT KENNT, **IN DEN ER SEGELN WILL,** FÜR DEN IST KEIN WIND EIN GÜNSTIGER.

SENECA

10
FAZIT & AUSBLICK

10.0 FAZIT & AUSBLICK

Das BIG Picture™ als ganzheitlicher „Innovationsmotor" bietet Unternehmen „best of both worlds": wissenschaftliches State-of-the-art-Modell und Praxispragmatismus, transparenter Blick auf das Innovationsganze und detaillierte Umsetzungsunterstützung.

Das Modell basiert sowohl auf umfassenden theoretischen Grundlagen als auch auf Erkenntnissen aus der praktischen Innovationsberatung in typischen Mittelstandsbetrieben aus den unterschiedlichsten Branchen, von klassischer Produktion bis hin zu Medienhäusern.

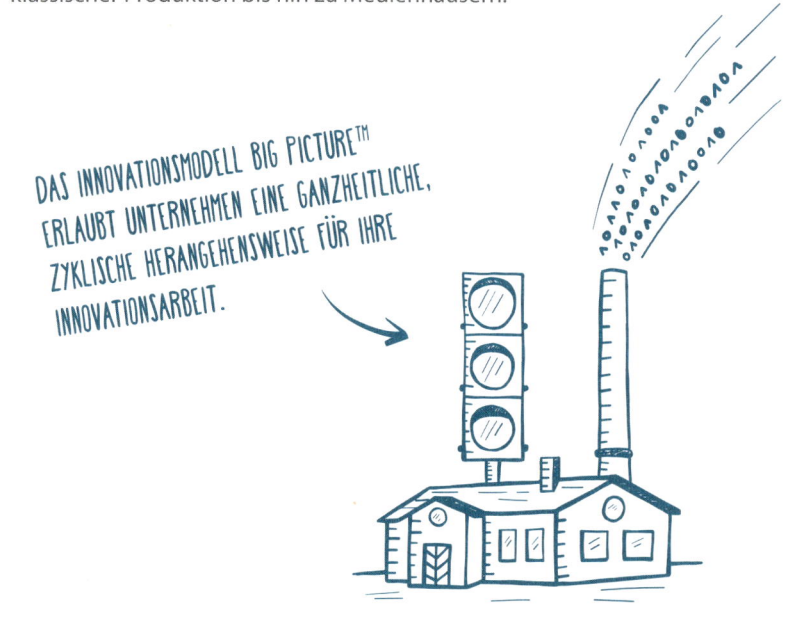

DAS INNOVATIONSMODELL BIG PICTURE™ ERLAUBT UNTERNEHMEN EINE GANZHEITLICHE, ZYKLISCHE HERANGEHENSWEISE FÜR IHRE INNOVATIONSARBEIT.

Diese Praxiserfahrungen haben wesentlich dazu beigetragen, bislang in akademischen Modellen unbedachte Punkte einzubringen:

- **Diskussion und systematische Definition von Innovationslücken als Startpunkt der Strategiearbeit und der eigentlichen Innovationsarbeit**

- **Der Innovationsprozess wird als geschlossener, wiederholbarer Kreislauf verstanden**

- **das Commitment zum Innovations-Strategie-Statement als essentieller Bestandteil für den Erfolg der Innovationsarbeit**

- **Der Wichtigkeit der Sales-Abteilung für den Innovationserfolg wurde im Laufe der iterativen Entwicklung des Modells durch einen eigenen Prozessschritt Rechnung getragen**

- **Der Pfad der disruptiven Innovationen wurde nach zahlreichen Diskussionen als offener Weg ohne vordefinierte Stages und Gates ergänzt, um die Vollständigkeit des Modells zu gewährleisten**

Was bedeutet BIG Picture™ nun für zukünftige wissenschaftliche Auseinandersetzungen mit dem Thema Innovation in Unternehmen?

Der Praxisbezug ist wichtiger denn je und damit auch die interdisziplinäre Forschung auf diesem Gebiet. Kommunikationswissenschaft, Social-Network-Analyse, Management und Unternehmenskultur tragen ihre Teile zum innovativen Unternehmen bei.

Innovation bedeutet mehr denn je organisatorische und unternehmerische Veränderungen, die nicht immer zu sofortiger und unbedingter Akzeptanz seitens der internen wie externen Stakeholder führen. Der oder die Innovationsverantwortliche steht hier als Change Agent in einem komplexen Feld von Wünschen, Erwartungen und Bedürfnissen. Zukünftige Forschungsarbeit muss geleistet werden, um ihnen Methoden und Modelle in die Hand zu legen, die die Arbeit in diesem Feld erleichtern.

Für die Weiterentwicklung von BIG Picture™ kann man aus den Praxiserfahrungen die detaillierte Ausarbeitung einer Auswahl geeigneter und pragmatischer Werkzeuge zu den einzelnen Prozessschritten und eine klare Definition von Kriterien für die Evaluierung und Zuordnung von Innovationsvorhaben zu den unterschiedlichen Pfaden sehen. Erste Evaluierungen haben gezeigt, dass eine einfache Herangehensweise mittels einer Portfolio-Analyse für den Mittelstand oft die beste Wahl ist. Mit der Komplexität des Unternehmens steigt jedoch auch die Anforderung an die Bewertungsverfahren. Dass das BIG Picture™ auch für große Konzerne geeignet ist, kann vermutet werden – Testläufe mit Unternehmen dieser Größe stehen an.

Als sensible und potentiell problematische Implikation des BIG Picture™ hat sich die Zuordnung von Teams, Verantwortlichen und Entscheidern in den jeweiligen Stages und Gates herauskristallisiert.

In vielen Unternehmen kann es eine kritische Herausforderung für die Mitarbeiter werden, wenn diese plötzlich zu Verantwortlichen und (Mit-)Entscheidern werden, wenn sie z. B. vorher „nur" Informationslieferanten waren. Nun müssen Informationen analysiert und ausgewertet, Argumente und Entscheidungsgründe geliefert, Entscheidungen getroffen und dafür Verantwortung übernommen werden. Die Arbeit mit BIG Picture™ zeigt, dass zur Überwindung dieser Barrieren eine umfassende, aber auch einfühlsame Top-down-Vorbereitung des Themas Innovation nötig ist. Innovation muss unternehmensintern ganz stark vermarktet werden! Auch der Angst vor Überbürokratisierung durch einen solchen Prozess speziell bei den größeren Projekten muss Aufmerksamkeit geschenkt werden und durch Pragmatismus entgegengewirkt werden. Was sich in der Praxis als klare Stärke des BIG Picture™ erwies, ist der gesamtheitliche Überblick (der ja auch namensstiftend für BIG Picture™ gewirkt hat), die außerordentliche Transparenz und Einfachheit des Kreislaufs und die klare Terminierung und Zuordnung von Teams und Verantwortlichen. Damit ist das Verständnis für das komplexe Thema Innovation, der Aufbau von Vertrauen und schlussendlich eine gelungene Umsetzung leichter zu bewerkstelligen.

10.1 METHODENEXKURS

DESIGN SCIENCE ODER DER QUALITÄTSSTEMPEL FÜR BIG PICTURE™

Design Science ist eine qualitätssichernde Methode, Konzepte für die Praxis wissenschaftlich fundiert zu entwickeln und zu nutzen. Bei der Entwicklung des Innovationsmodells BIG Picture™ wurde Wert darauf gelegt, die sieben Anforderungsprinzipien des Design Science zu erfüllen.

PRINZIP 1: DESIGN AS AN ARTIFACT

BIG Picture™ adressiert eine signifikante Herausforderung in Unternehmen: die wirtschaftlich erfolgreiche Umsetzung von Innovationsvorhaben und die dafür nötige Verbindung zur strategischen Orientierung des Unternehmens. Unser Innovationsmodell ist damit ein Artefakt, das sowohl als Hardcopy in Innovationsworkshops als auch computergestützt verwendet werden kann. So wird das Wissen um die Innovationsstrategie und ihre organisatorische Umsetzung im Sinne des Wissensmanagements im Unternehmen festgehalten und für die relevanten Stakeholder zugänglich gemacht.

PRINZIP 2: PROBLEM RELEVANCE

Die Problemrelevanz ergibt sich aus Analyseergebnissen und Praxiserfahrung mit bestehenden Modellen, die Innovation oft zu einseitig und nicht auf das Unternehmensganze bezogen behandeln. Sie führen damit zu mangelhafter Strategieabstimmung und Ressourcenbindung, falscher personeller Besetzung, geringer Akzeptanz von Innovation(-smanagement) und schlussendlich suboptimalen Ergebnissen von Innovationsprojekten in den Unternehmen.

PRINZIP 3: DESIGN EVALUATION

Die Evaluierung des BIG Picture™ geschieht durch kritische Beobachtung der Anwendbarkeit (Prozess) und rigorose Bewertung des Innovationsvorhabens im Unternehmensumfeld (Ergebnis). Die Erarbeitung des BIG Picture™, wie es in diesem Leitfaden beschrieben ist, war ein agiler Prozess, in dem das Innovationsmodell durch zahlreiche Fallstudien mit Unternehmen laufend weiterentwickelt, bewertet und verbessert wurde.

PRINZIP 4: RESEARCH CONTRIBUTIONS

Die Entwicklung von BIG Picture™ bietet einen sehr praxisnahen Zugang zu Innovationsvorhaben und liefert damit entsprechendes Wissen aus der Praxis zur Forschung im Feld des Innovationsmanagements. Dabei sind die Ansätze im BIG Picture™ gestützt durch bestehende wissenschaftliche Erkenntnisse und bieten eine Evaluierung derselben.

PRINZIP 5: RESEARCH RIGOR

Für die Entwicklung und Evaluierung des BIG Picture™ kam neben eingehenden Analysen bestehender Innovationsmodelle vor allem die kritische Anwendung des BIG Picture™ bei konkreten Innovationsvorhaben in Unternehmen zum Einsatz, die für ein so praxisnahes Gebiet die sinnvollste Methode darstellt. Die Ergebnisse der fortlaufenden Iterationen von BIG Picture™ wurden systematisch dokumentiert.

PRINZIP 6: DESIGN AS A SEARCH PROCESS

Die kontinuierliche Weiterentwicklung des BIG Picture™ ergibt sich zwangsläufig aus den sich ändernden Anforderungen und Rahmenbedingungen in den Unternehmen.

PRINZIP 7: RESEARCH COMMUNICATION

Mit diesem Leitfaden, in dem wir die aktuelle Version des BIG Picture™ vorstellen, entsprechen wir dem Prinzip, Forschungsergebnisse der wissenschaftlichen Gemeinschaft bereitzustellen. Es ist geplant, die Erkenntnisse aus der Arbeit mit BIG Picture™ weiterhin in Form von Fallstudien, Büchern, Artikeln und auch Software zu veröffentlichen, um Stärken sowie Weiterentwicklungspotenziale aufzuzeigen.

NOTIZEN

10.2 ÜBERSICHT DER ACHT RELEVANTEN INNOVATIONSMODELLE

Die nachfolgenden Darstellungen zeigen die zusammenfassenden Analyseergebnisse für die ursprünglichsten und umfassendsten Innovationsmodelle. Im Analysefokus standen Ideenentstehung als wesentlicher Teil der Innovationsfrühphase und Ideenumsetzung als wesentlicher Teil der Spätphase; eine exakte Trennung zwischen Ideenentstehung und Ideenumsetzung ist allerdings oftmals schwierig und unscharf.

Neben dieser qualitativen Analyse wurde außerdem eine quantitative Bewertung mittels Punkten anhand der Kriterien Komplexität des Modells, Anpassbarkeit an unterschiedliche Unternehmenskontexte, Verständlichkeit, Innovationsklassen (inkrementell/semi-inkrementell oder progressiv, radikal), Push vs. Pull, praktische Anwendung, theoretische Basis sowie Vorteile und Nachteile durchgeführt.

MODELL VON GESCHKA | GESCHKA 1989

IDEENENTSTEHUNG

Die Initiierung des Innovationsprozesses bis zum Start der Projektarbeit (Ideenumsetzung) wird in der Vorphase zusammengefasst. Wird die Planung der Innovation in den Mittelpunkt gestellt, so wird laut Geschka der Vorphase mehr Bedeutung geschenkt.

IDEENUMSETZUNG

Hierbei beschreibt Geschka ein 4-Phasen-Modell unter dem Namen Innovationsprojekt:

1. Planungs- & Konzeptionsfindung
2. Produkt- & Verfahrensentwicklung
3. Aufbau der Produktion
4. Markteinführung

Geschka unterscheidet zwischen Innovationsprojekt (4 Phasen) und Innovationsprozess (Vorphase + 4 Phasen).

MODELL VON KOEN ET AL. | KOEN ET AL. 2001

IDEENENTSTEHUNG

Dieses Modell spezialisiert sich stark auf die Frühphase. Ideengewinnung: Konzeptdefinition; Ideengenerierung und Anreicherung; Ideenauswahl; Chancenidentifikation; Chancenanalyse; Konzeptauswahl

IDEENUMSETZUNG

Mit dem ausgewählten Konzept der Frühphase werden Technologien und neue Produkte entwickelt.

BROCKHOFF | BROCKHOFF 1999

IDEENENTSTEHUNG

Brockhoff beschreibt in seinem Phasenmodell, dass nach jeder Phase ein Abbruch stattfinden kann. Dieses Modell ist kein exaktes Ablaufschema, sondern zeigt die Vorgänge und die Tätigkeiten sowie deren Resultate.

IDEENUMSETZUNG

Die Ideenumsetzung beschreibt Brockhoff mit: Investition, Fertigung, Marketing. Das Resultat kann Misserfolg oder Erfolg sein. Nach einem Erfolg kommt es zur Einführung eines neuen Produktes im Markt oder eines neuen Prozesses in der Fertigung.

MODELL VON PLESCHAK /SABISCH/EBERT | PLESCHAK ET AL. 1992

IDEENENTSTEHUNG

Zeigt innerhalb der einzelnen Stufen die Arbeitsprozesse und die daraus resultierenden Ergebnisse.

- **Problem-, Erkenntnis-, Analyse-/Strategiebildung**
- **Ideengewinnung, -bewertung, -auswahl**
- **Projekt-, Programmplanung und Wirtschaftlichkeitsrechnung**
- **Forschung & Entwicklung, Technologietransfer**

IDEENUMSETZUNG

Die Darstellung ist ein idealisierter Ablauf. In Unternehmen laufen einzelne Phasen parallel ab.

- **Produktionseinführung / Fertigungsaufbau**
- **Markteinführung**

„NÄCHSTE GENERATION"-STAGE-GATE-MODELL I COOPER 2008

IDEENENTSTEHUNG

Unterschied zum klassischen Stage-Gate: Das Modell wird nach der Ideengenerierung in drei Subprozesse unterteilt.

IDEENUMSETZUNG

Die Ideenumsetzung ist in jedem der drei Subprozesse eigens abgestimmt. Nach der Ideeneingabe und der Vorauswahl folgen:

- **Full Stage Gate (neue und große Innovationsprojekte)**
- **Stage Gate Xpress (Projekte mit kalkulierbarem Risiko) oder**
- **Stage Gate Lite (bei kleineren Änderungen)**

Diese nächste Generation bietet eine höhere Ressourceneffizienz, da für jede Innovationsart ein Stage-Gate-Prozess festgelegt werden kann.

MODELL VON WITT | WITT 1996

IDEENENTSTEHUNG

Witts Modell zeigt stark differenzierte Phasen.

Ideengewinnung:

- **Festlegung des Suchfeldes**
- **Ideengewinnung**
- **Rohentwurf für Produktkonzept**
- **Grobauswahl mit Eignungsanalyse**
- **Feinauswahl mit Rentabilitätsanalyse**

> INTERESSANT SIND HIERBEI DIE BEIDEN ANALYSEPHASEN IN DER IDEENENTSTEHUNG.

IDEENUMSETZUNG

Bemerkenswert ist die zu Beginn festgelegte Parallelisierung der technischen Entwicklung und der Entwicklung des Marketingprozesses. Beide münden in der Durchführung von Markttests und der Markteinführung. Witt weist darauf hin, dass keine Phase entbehrlich ist, aber nach jeder Phase eine Entscheidung über die Weiterführung des Prozesses zu treffen ist.

KLASSISCHES STAGE-GATE-MODELL | COOPER 1983 [1] UND [2], 1990

IDEENENTSTEHUNG

Beschreibt ein 4-Stufen-Modell, in Weiterentwicklungen ein 5-Stufen-Modell, in dem nach jeder Stufe anhand eines Meetings (Gate) eine Entscheidung über die Weiterführung des Prozesses getroffen wird.

IDEENUMSETZUNG

- Produktionsstart
- Markteinführung

Nachteil für die Umsetzung ist, dass dieses Modell sehr sequenziell aufgebaut ist.

10.3 REFERENZEN

Brockhoff, K. (1999):

„Forschung und Entwicklung: Planung und Kontrolle",

5. Aufl., München et al.: Oldenbourg.

Cooper, R. G. (1983-1):

„A process model for industrial new product development",

in IEEE Transactions on Engineering Management, Jg. 30 (1), S. 2–11.

Cooper, R. G. (1983-2):

„The new product process: an empirically-based classification scheme", in:

R & D Management, Jg. 13 (1), S. 1–13.

Cooper, R. G., and Edgett, S J. 2012.

"Best Practices in the Idea-to-Launch Process and its Governance."

Research-Technology Management 55(2): S. 43–54.

Cooper, Robert G.:

„Perspective: The Stage Gate® Idea to Launch Process—Update, What's New, and NexGen Systems*." Journal of Product Innovation Management 25.3 (2008): S. 213–232.

Cooper, Robert G.

„Stage-gate systems: a new tool for managing new products."

Business horizons 33.3 (1990): S. 44–54.

Ebert, G./ Pleschak, F./ Sabisch, H.:

„Aktuelle Aufgaben des Forschungs- und Entwicklungscontrolling in Industrieunternehmen", in: Gemünden, H. G./ Pleschak, F. (Hrsg.) (1992): „Innovationsmanagement und Wettbewerbsfähigkeit", Wiesbaden: Gabler.

Freeman, C. (1992)

The Economics of Hope, London, New York.

Geschka, Horst:

„Voraussetzungen für erfolgreiche Innovationen – Beachtung von Hindernissen und Erfolgsfaktoren bei der Innovationsplanung." Die Gestaltung von Innovationsprozessen. Hindernisse und Erfolgsfaktoren im Organisations-, Finanz- und Informationsbereich, Berlin (1989): S. 57–69.

Hauschildt, J. (2004):

Innovationsmanagement, 3. Aufl., München.

Hevner, A. R. et al.:

„Design science in information systems research." MIS quarterly 28.1 (2004): S. 75–105.

Koen, P. et al. (2001):

Providing clarity and a common language to the "Fuzzy Front End". Research-Technology Management, 44(2), S. 46–55

Lercher, H., et al. (2012):

Innovationsleitfaden – Erfassen von Kundenbedürfnissen. Integration von Kunden in den Innovationsprozess. Studienrichtung Innovationsmanagement. Ein Forschungsprojekt gefördert vom Land Steiermark.

Lercher, H., et al. (2014):

„Radikale Innovationspotenziale mit dem Flughöhenmodell entdecken", in „Innovationsstrategien: Von Produkten und Dienstleistungen zu Geschäftsmodellinnovationen", Springer Fachmedien Wiesbaden, 2014. S. 71–92.

Thom, N. (1992):

„Innovationsmanagement", Bern: Schweizerische Volksbank.
Thom, Norbert, and Bayard, Nicole „Ideenrealisierung in Innovationsprozessen." Implementierungsmanagement. Gabler Verlag, 1997. S. 155–166.

Witt, J. (1996):

„Grundlagen für die Entwicklung und die Vermarktung neuer Produkte" in:
Witt, J. (Hrsg.): „Produktinnovation", München: Vahlen.

> **ZU WISSEN, WARUM,**
> IST NICHT DER EINZIGE WEG ZUM ERFOLG,
> **ABER ES IST DER EINZIGE WEG, UM DEN**
> **ERFOLG LANGFRISTIG ZU SICHERN**
> UND EINE BESSERE MISCHUNG VON
> **INNOVATION UND FLEXIBILITÄT**
> ZU ERREICHEN.

AUTOR UNBEKANNT

11
KREATIVITÄTSTECHNIKEN

11 KREATIVITÄTSTECHNIKEN
GRUNDREGELN ZUR KREATIVEN ARBEIT

1. JEDE IDEE ZÄHLT! KEINE KILLERPHRASEN – KEINE BEWERTUNG

Die Ideengenerierung ist immer strikt von der Ideenbewertung zu trennen. Kommentare wie „Das ist doch viel zu teuer" oder „Das ist technisch nicht machbar" sind bei der Ideengenerierung in Teams daher nicht erwünscht, denn sie sind unmittelbare Bewertungen, bremsen den Ideenfluss und führen zu Blockaden. Jede Störung birgt die Gefahr, Teilnehmer in die innere Emigration zu treiben und letztlich nur Ideen der „Lauten" und „Einflussreichen" am Tisch zu haben. Die Diskussion und Bewertung der Ideen kommt in einer späteren Phase. Diese Regel ist eine der wichtigsten, die Einhaltung ist für die Beteiligten meist sehr schwer.

Grundvoraussetzung für die Anwendung jeder Kreativitätstechnik ist die Offenheit der Teilnehmer für wirklich neuartige Lösungen, das Aufbrechen von eventuellem Hierarchiedenken und die Beteiligung jedes Einzelnen. Dafür ergibt es Sinn, im Vorfeld Spielregeln für alle Teilnehmer festzulegen. Die Regeln gelten zwar für alle Kreativitätsmethoden, sind aber gleichzeitig auch die Grundregeln des Brainstormings.

2. GROSS DENKEN! – DER FANTASIE FREIEN LAUF LASSEN

Bei einer Kreativsitzung muss man alle Ideen zulassen – auch die vermeintlich abgehobenen und fantasievollen. Je verrückter und abwegiger die Ideen, desto leichter kommt man durch diese in den divergenten Denkprozess, also ins „Out of the box"-Denken. Passend machen kann man die Idee später immer!

3. IDEEN ANDERER AUFGREIFEN UND WEITERENTWICKELN!

Oftmals kommt das Potenzial einer Idee erst im Zuge der Weiterentwicklung ans Licht. Das Ziel muss sein, in der Ideengenerierung von einer „Ja, aber ..."- zu einer „Ja! Und ..."-Denkhaltung zu kommen. Kreativität ist Teamarbeit, d. h. man inspiriert und motiviert sich gegenseitig. Dazu gehört, sich von den Ideen anderer „anstecken" zu lassen und aus diesen Ideen mehr zu machen oder neue Ideen zu generieren. Auch die Sprache in Bildern ist hilfreich, damit auch nach dem Brainstorming jeder weiß, was der Kern der Idee ist.

4. DIE MENGE AN IDEEN GEHT VOR DER QUALITÄT DER IDEEN!

Je mehr Ideen, desto besser! Das sagt auch die Statistik: Wenn nur ein geringer Prozentsatz der Ideen Verwendung finden kann, dann bleiben bei vielen generierten Ideen einfach mehr Ideen für die Umsetzung übrig.

NOTIZEN

11.1 BRAINSTORMING

Brainstorming ist eine von Alex F. Osborn 1939 erfundene und von Charles Hutchison Clark weiterentwickelte Methode zur Ideengenerierung, die die Erzeugung von neuen, ungewöhnlichen Ideen in einer Gruppe von Menschen fördern soll.

Es gibt kaum eine Einschränkung, in der Brainstorming nicht angewendet werden kann. Sehr typische Anwendungsfelder sind Problemarten mit einfacher Komplexität, d. h. sprachlich orientierten Lösungen. Diese Methode ist brauchbar als Einstieg in ein Thema, um das Feld der Lösungsansätze abzustecken. Es wird eine Gruppe von fünf bis sieben Personen zusammengestellt, die, wenn möglich, aus unterschiedlichen Fachbereichen kommen. Der Moderator führt die Gruppe in das Problem ein, das dabei analysiert und präzisiert wird. Nun nennen die Teilnehmer spontan Ideen zur Lösungsfindung, wobei sie sich im optimalen Fall gegenseitig inspirieren und unterschiedliche Gesichtspunkte in neue Lösungsansätze und Ideen einfließen lassen. Alle Ideen werden protokolliert. Am besten gleich durch die Teilnehmer selbst, indem diese ihre Ideen selber auf große Post-its schreiben. Die Ideen werden dann in der Bewertungsphase durch den Moderator vorgestellt und im Team diskutiert, bewertet und ggf. sortiert. Hierbei geht es zunächst nur um bloße thematische Zugehörigkeit und das Aussortieren von problemfernen Ideen. Die Bewertung und Auswertung kann in derselben Diskussion durch dieselben Teilnehmer erfolgen oder von anderen Fachleuten getrennt vorgenommen werden. Idealerweise erfolgt die Ideenbewertung (Check-In-Gate) nach dem vorne im Buch beschriebenen Portfolio.

GRUNDREGELN ZUR KREATIVEN ARBEIT BEACHTEN!

NOTIZEN

11.2 OSBORN-METHODE

Diese Kreativitätstechnik wurde ebenfalls in den 1950er-Jahren von Alex F. Osborn entwickelt.

Die Osborn-Methode ist eine analytische Kreativitätstechnik, die durch ein systematisches Vorgehen ein Problem analysiert, um Verbesserungen (und erste neue Lösungsalternativen) zu bestehenden Konzepten zu entwickeln. Mit Hilfe eines vorgegebenen Fragenkatalogs, der sogenannten Osborn-Checkliste, soll der Umstand vermieden werden, dass gute Lösungsansätze oder Ideen nicht systematisch bis zum Ende durchdacht werden.

Für die Anwendung der Osborn-Methode wird zunächst ein Problem benannt und danach anhand der Osborn-Checkliste analysiert. Diese Fragenliste ist eine Liste mit Gedankenanregungen und Provokationen, die es erleichtert, „quer zu denken". Auf diese Weise wird das kreative Denken angeregt und gezielt in neue, andersartige Bereiche gelenkt.

Die Osborn-Methode ist besonders gut für die Entwicklung oder Weiterentwicklung von Ideen, Produkten oder Projekten geeignet.

Zweckänderung	Gibt es eine andere Gebrauchsmöglichkeit? Kann es an anderer Stelle eingesetzt werden?
Adaption	Was ist ähnlich? Welche Parallelen lassen sich ziehen? Was könnte nachgeahmt werden?
Vergrößerung	Könnte es größer gemacht werden? Etwas hinzugefügt werden? Die Häufigkeit geändert werden? Höher, länger, dicker gemacht werden? Der Wert, Abstand geändert werden? Vervielfältigt, übertrieben, vergrößert werden?
Modifikation	Könnten Bedeutung, Farbe, Bewegung, Form, Klang, Geruch, etc. verändert werden?
Verkleinerung	Was kann weggelassen werden? Kleiner, kürzer, tiefer, leichter, heller, feiner gemacht werden? Könnte es aufgespalten, aufgeteilt werden? Als Miniatur verwendet werden?
Substitution	Wodurch ist es ersetzbar? Andere Materialien? Lässt sich der Prozess anders gestalten? Gibt es andere Positionen? Andere Standorte? Elemente aus anderen Ländern oder Zeiten?
Umgruppierung	Was (Teile, Abschnitte) lässt sich vertauschen? Lässt sich die Reihenfolge ändern? Ursache und Wirkung vertauschen?
Umkehrung	Lässt sich das Gegenteil der Idee machen? Rollen vertauschen? Spiegelverkehrt? Um 180° gedreht? Positiv und negativ vertauschen?
Kombination	Was lässt sich kombinieren? Mit einer anderen Idee verbinden? In ein größeres Ganzes einfügen? In Bausteine zerlegen?

NOTIZEN

11.3 METHODE 365

Die Methode 365 zählt zu den sogenannten Brainwriting-Techniken, die ohne großen Aufwand sehr schnell zu einer großen Anzahl von Ideen führen.

> Der Name des Verfahrens basiert auf folgendem Idealfall:
> **6 Personen** produzieren **3 Ideen** und notieren
> diese in jeweils **5 Minuten**

Für die Durchführung der Methode wird zunächst jedem Teilnehmer ein vorbereitetes Blatt Papier ausgeteilt (DIN A3 eignet sich sehr gut). Auf diesem Blatt befindet sich eine leere Tabelle, die aus drei Spalten (für jeweils drei Ideen) und sechs Zeilen (sechs Teilnehmer) besteht. Es ist von Vorteil, wenn alle Teilnehmer gemeinsam an einem Tisch sitzen.

Das Verfahren beginnt mit der Vorstellung und Diskussion des Problems. Die gemeinsam definierte Problemformulierung wird über die Tabelle geschrieben. Nun schreibt jeder Teilnehmer auf seinem Blatt in die drei Zellen der obersten leeren Zeile drei völlig unterschiedliche Ideen, die zur Lösung des Problems beitragen können. Dies soll in etwa in 5 Minuten geschehen. Anschließend reichen die Teilnehmer das Blatt an den rechten Nachbarn weiter. Dieser liest sich die Ideen des Vorgängers durch, lässt sich von den Ideen inspirieren und entwickelt wiederum drei neue Ideen in der leeren Folgezeile, die sich aus den Einfällen des Vorgängers ableiten, darauf aufbauen oder einfach nur durch diese angeregt werden. Auch dieser Vorgang sollte wiederum nur grob 5 Minuten dauern.

Der Vorgang des Blattwechsels und der Ideengenerierung in jeweils 5 Minuten wird so oft wiederholt, bis alle Felder der Tabelle ausgefüllt sind. Auf diese Weise können in etwa 30 Minuten bis zu 108 Ideen gefunden werden.

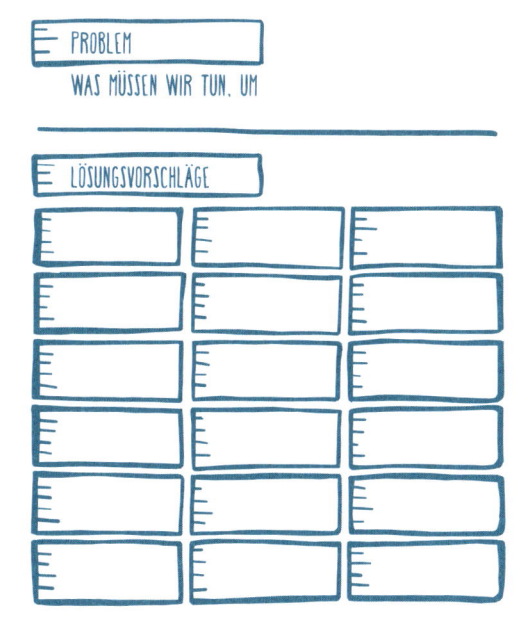

11.4 MORPHOLOGISCHE MATRIX

Der Schweizer Astrophysiker Fritz Zwicky entwickelte die Morphologische Matrix (zweidimensional) und den Morphologischen Kasten (dreidimensional). Bei beiden Ansätzen wird das Problem sehr analytisch und systematisch hinsichtlich seiner Parameter und deren Ausprägungen zerlegt. Durch neue Kombinationen der Parameterausprägungen werden Lösungsvarianten gefunden.

Im ersten Schritt ist es nicht nur erforderlich, das Problem genau zu beschreiben, sondern es auch möglichst zu verallgemeinern. So lassen sich wesentlich mehr Parameter, Ausprägungen und damit auch Lösungsansätze finden.

Zunächst werden die Parameter (im Sinne von kleinen, unabhängigen Teilproblemen) ermittelt, die z. B. das zu verbessernde Produkt oder das zu bearbeitende Problem in ihrer Gesamtheit darstellen. Es gilt hierbei zu beachten, dass die Parameter wirklich beeinflussbar und (weitestgehend) voneinander unabhängig sind. Die Daumenregel für die Anzahl der Parameter besagt, dass mit definierten 6 Parametern die meisten Problemstellungen abgebildet werden können und damit die Matrix gut zu handhaben ist.

Nehmen wir als Beispiel eine Unternehmung, die ein gänzlich neues T-Shirt kreieren möchte. Die Auflistung der Parameter könnte ergeben: **Material („Stoff"), Schnitt, Stil, Schlussart, Applikation** etc.

Ist dieser Schritt fertig, schreibt man neben die Parameter mögliche Ideen, auch Ausprägungen genannt, die diese Parameter haben könnten. Hier ist es wichtig, dass auch gänzlich unkonventionelle Ideen eingebracht werden.

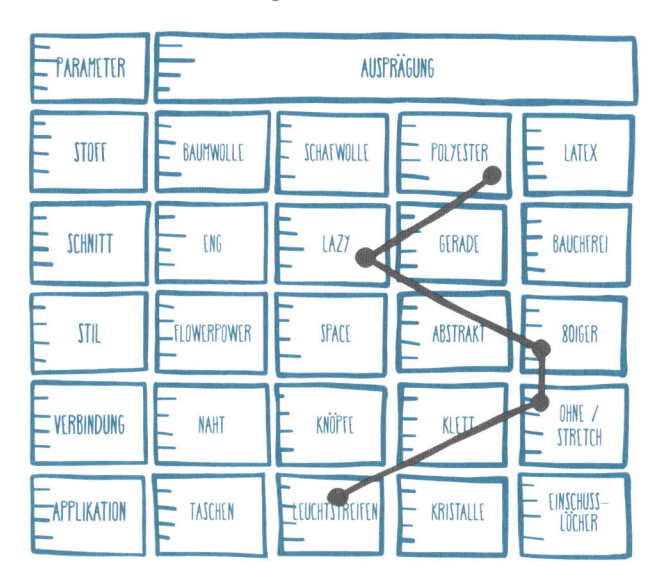

> IM NEBENSTEHENDEN BEISPIEL KÖNNEN SO 1024 VERSCHIEDENE VARIANTEN EINES T-SHIRTS ABGELEITET WERDEN.
> (4 X 4 X 4 X 4 X 4)

PARAMETER	AUSPRÄGUNG			
STOFF	BAUMWOLLE	SCHAFWOLLE	POLYESTER	LATEX
SCHNITT	ENG	LAZY	GERADE	BAUCHFREI
STIL	FLOWERPOWER	SPACE	ABSTRAKT	80IGER
VERBINDUNG	NAHT	KNÖPFE	KLETT	OHNE / STRETCH
APPLIKATION	TASCHEN	LEUCHTSTREIFEN	KRISTALLE	EINSCHUSS-LÖCHER

Im letzten Schritt werden sinnvolle Kombinationen über die einzelnen Parameter hinweg zusammengestellt, die zielführend für die Problemlösung sein können. Dies wird meistens intuitiv durch Betrachten der Matrix und Diskussion festgelegt.

NOTIZEN

11.5 9-FENSTER-TOOL

Eine einfache, aber auch sehr interessante Methode zur Analyse von potenziellen Kundenbedürfnissen ist das 9-Fenster-Tool. Bei diesem Instrument wird das Produkt oder die Dienstleistung in zwei Richtungen zerlegt: in die Dimension „Raum" (auch „System" genannt) und die Dimension „Zeit".

Unter System versteht man den Aufbau eines Produkts oder einer Dienstleistung einschließlich der gesamten Umgebung unter räumlichen Aspekten. Wie die System- bzw. die Zeitschiene gewählt wird, hängt von der Problemstellung ab. Die Zeitlinie kann von Minuten über Tage bis hin zu Jahrzehnten gewählt werden. Ähnliches gilt für die Wahl der Systeme.

Der 9-Fenster-Operator versucht, der „Betriebsblindheit" entgegenzuwirken, die meistens dann entsteht, wenn man sich schon länger mit einem Produkt oder einer Dienstleistung auseinandersetzt und man Schwierigkeiten hat, andere Sichtweisen zu finden.

Die Methode regt an, in das Produkt bzw. die Dienstleistung hineinzuschauen (Zoom-In), sich also mit den Details zu beschäftigen bzw. in der Gegenrichtung die Umgebung oder das Übersystem als großes Ganzes zu betrachten (Zoom-Out), also aus der Helikopterperspektive zu agieren.

Zusätzlich wird auch in der zeitlichen Betrachtung variiert, indem man in die Vergangenheit („Was passiert alles vor der Verwendung des Produktes?") und die Zukunft („Was passiert alles nach der Verwendung des Produktes?") schaut. Am sinnvollsten ist die Betrachtung auf der obersten Ebene des Modells, also meistens auf Ebene der Kundensicht. Besonders hilfreich ist es, auf dieser Ebene nach sogenannten „Magic Moments" zu suchen, d. h. nach besonderen Momenten (positive wie auch negative) aus Sicht des Kunden im Zeitablauf, die ihn besonders beeinflussen. Bei einem Lebensmittel können diese magischen Momente z. B. sein: das erste Erblicken und dann das Angreifen des Produktes im Regal, das Öffnen der Verpackung, der erste Biss, das Entsorgen der Verpackung etc.

Diese Betrachtungsweise hilft, psychologische Barrieren zu überwinden und sich in die Welt des Kunden hineinzudenken. Man entfernt sich von einer fokussierten Betrachtungsweise und analysiert sein Problem aus anderen Blickwinkeln. Auf diese Weise erkennt man das Gesamtbild einer Problemstellung und ist in der Lage, alternative Lösungsansätze zu finden.

HANDLUNGSANLEITUNG FOLGT

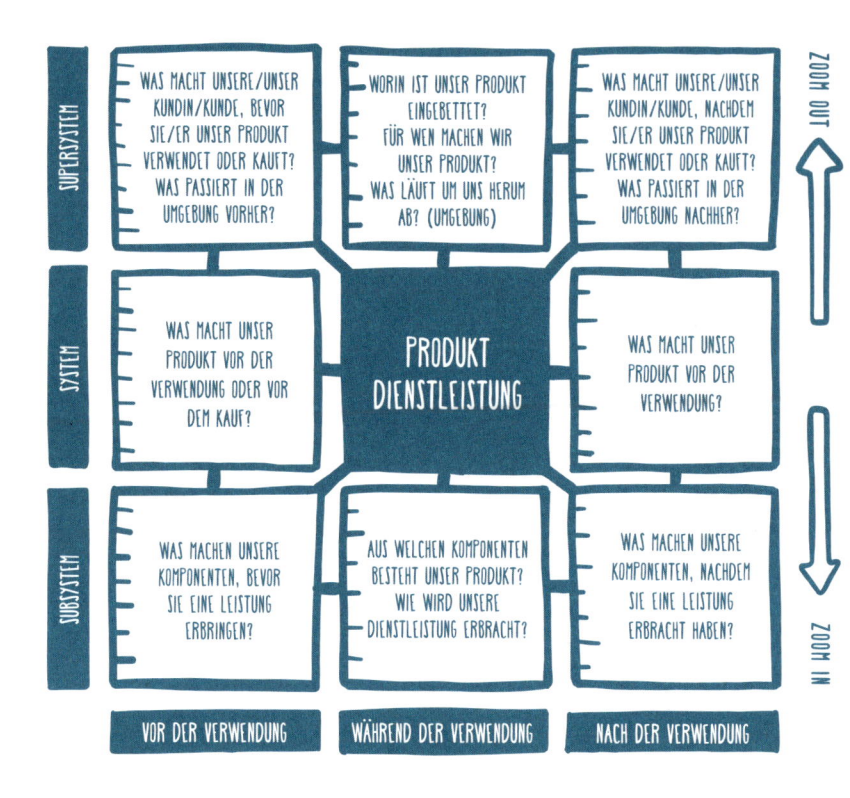

Diagramm: 9-Fenster-Tool

Zeilen (links): SUPERSYSTEM / SYSTEM / SUBSYSTEM
Spalten (unten): VOR DER VERWENDUNG / WÄHREND DER VERWENDUNG / NACH DER VERWENDUNG
Rechts: ZOOM OUT ↑ / ZOOM IN ↓

Supersystem – vor: WAS MACHT UNSERE/UNSER KUNDIN/KUNDE, BEVOR SIE/ER UNSER PRODUKT VERWENDET ODER KAUFT? WAS PASSIERT IN DER UMGEBUNG VORHER?

Supersystem – während: WORIN IST UNSER PRODUKT EINGEBETTET? FÜR WEN MACHEN WIR UNSER PRODUKT? WAS LÄUFT UM UNS HERUM AB? (UMGEBUNG)

Supersystem – nach: WAS MACHT UNSERE/UNSER KUNDIN/KUNDE, NACHDEM SIE/ER UNSER PRODUKT VERWENDET ODER KAUFT? WAS PASSIERT IN DER UMGEBUNG NACHHER?

System – vor: WAS MACHT UNSER PRODUKT VOR DER VERWENDUNG ODER VOR DEM KAUF?

System – während: PRODUKT DIENSTLEISTUNG

System – nach: WAS MACHT UNSER PRODUKT VOR DER VERWENDUNG?

Subsystem – vor: WAS MACHEN UNSERE KOMPONENTEN, BEVOR SIE EINE LEISTUNG ERBRINGEN?

Subsystem – während: AUS WELCHEN KOMPONENTEN BESTEHT UNSER PRODUKT? WIE WIRD UNSERE DIENSTLEISTUNG ERBRACHT?

Subsystem – nach: WAS MACHEN UNSERE KOMPONENTEN, NACHDEM SIE EINE LEISTUNG ERBRACHT HABEN?

9-FENSTER-TOOL HANDLUNGSANLEITUNG

Positionieren Sie sich am Anfang im zentralen mittleren Fenster. Tragen Sie dort Ihr Produkt oder Ihre Dienstleistung ein. Bestimmen Sie hier auch ganz konkret die Grenzen Ihrer aktuellen Betrachtung.

Nachdem dies erledigt ist, wechseln Sie ins Subsystem, das ist das Kästchen in der Mitte in der unteren Zeile. Dort tragen Sie nun alle Elemente ein, aus denen Ihr vorhin definiertes Produkt, Ihre Dienstleistung oder Ihr Service besteht. Bei einem Lebensmittel wären dies die Verpackung, die Zutaten etc. Danach wechseln Sie ins Supersystem, das mittlere Kästchen in der obersten Zeile. Dort tragen Sie die Dinge ein, die um Ihr Produkt, Ihre Dienstleistung oder Ihr Service herum das Supersystem bilden. Bei dem Beispiel mit dem Lebensmittel wären dies die Küche, die Küchengeräte, das verwendete Geschirr, der Esstisch etc. Aber auch die Ausprägungen dieses Raumes hinsichtlich der Verwendung, also z. B. die Singleküche, die Kochnische, die Edelküche als Bühne für den Koch. Ganz wichtig sind auch die typischen Nutzer des Produkts oder der Dienstleistung.

Nachdem die mittlere Spalte geschafft ist, empfiehlt es sich, ausgehend von der mittleren oberen Zeile, entweder in der Zeit nach vor – also nach der Verwendung des Produktes, d. h. nach rechts, oder in der Zeit zurück – also vor der Verwendung des Produktes d. h. nach links, zu gehen und dort nach z. B. für den Kunden wichtigen Ereignissen zu suchen und diese zu beschreiben. Die jeweiligen Ergebnisse werden in das Kästchen geschrieben. Es empfiehlt sich, für jeden „Magic Moment" ein Kästchen zu machen und sich dann die Frage zu stellen „was leisten wir oder unser Produkt und unsere Dienstleistung zu diesem Zeitpunkt" bzw. „wie können wir diesen ‚Magic Moment' positiv nutzen".

Grundsätzlich gilt, dass es kein Richtig und kein Falsch gibt. Die Methode dient dazu, die Kreativität unseres Denkens zu fördern sowie den Tunnelblick und zu schnelle Bewertungen zu vermeiden.

NOTIZEN

11.6 MERKMALE DER KREATIVITÄTSTECHNIKEN

KREATIVITÄTS-TECHNIK	NEUHEITSGRAD DER IDEE	MODERATIONS-AUFWAND
Brainstorming	niedrig/mittel	mittel
Mind-Mapping	niedrig/mittel	niedrig
Progressive Abstraktion	---	hoch
Morphologische Matrix	mittel/hoch	niedrig/mittel
Methode 365	niedrig/mittel	niedrig
Synektik-Sitzung	mittel/hoch	hoch
Reizwortanalyse	hoch	mittel
Osborn-Methode	mittel/hoch	niedrig
9-Fenster-Tool	hoch	mittel/hoch

PROTOKOLLIERUNG	DAUER	EINZELARBEIT MÖGLICH	ART DER PROBLEMSTELLUNG
Schwierig	1 h	nein	generell einsetzbar
Automatisch	---	ja	eher in der Analysephase
Schwierig	2 h	ja	Die richtige Problemebene finden
Automatisch	2 h	ja	generell einsetzbar
Automatisch	1 h	nein	generell einsetzbar
Schwierig	2 h	nein	extreme Provokation
Schwierig	1 h	ja	generell einsetzbar/ extreme Provokation
Schwierig	2 h	ja	generell einsetzbar
Automatisch	1–2 h	ja	Fokus Services